JUSTIN TRUDEAU

传 奇 再 续

特鲁多自传

[加拿大] 贾斯廷·特鲁多 著 诗观 译

译林出版社

图书在版编目(CIP)数据

传奇再续：特鲁多自传 / (加) 贾斯廷·特鲁多 (Justin Trudeau) 著；诗观译. —南京：译林出版社，2016. 10
(传记译林)
书名原文：Common Ground
ISBN 978-7-5447-6642-5

I. ① 传… II. ① 贾… ② 诗… III. ①特鲁多 (Trudeau，Justin) —自传 IV. ① K837.117=6

中国版本图书馆 CIP 数据核字 (2016) 第223169号

书 名	传奇再续：特鲁多自传
作 者	[加拿大] 贾斯廷·特鲁多
译 者	诗观
责任编辑	於梅
原文出版	HarperCollins Publishers Ltd., 2014
出版发行	凤凰出版传媒股份有限公司 译林出版社
电子邮箱	yilin@yilin.com
出版社网址	http://www.yilin.com
经 销	凤凰出版传媒股份有限公司
排 版	南京展望文化发展有限公司
印 刷	江苏凤凰盐城印刷有限公司
开 本	718毫米×1000毫米 1/16
印 张	16.25
插 页	20
字 数	181千
版 次	2016年10月第1版 2016年10月第1次印刷
书 号	ISBN 978-7-5447-6642-5
定 价	48.00元

译林版图书若有印装错误可向出版社调换
(电话：025-83658316)

献给我的挚友、伴侣和知音。

感谢你所做的一切，以及一切的你。

我爱你，索菲。

目 录

前　言

在我们渥太华的家里，厨房和起居室内随处可见照片。冰箱上贴有照片，各种架子和备餐台上摆着装有相框的照片，墙上也到处挂着照片。其中既有我们出席各种正式场合的照片，也有我们特别喜欢的家庭照片：索菲在婚礼上与伴郎的合照，格扎维埃上学时的照片，哈德里安出生前我们一家四口在海达瓜依群岛[①]旅游时的留影，我在帕皮诺选区与选民的合照，弟弟萨沙、米歇尔和我在萨塞克斯路 24 号门前骑车的情景，还有我母亲玛格丽特与孙辈们一起开怀大笑的瞬间。每张照片都会触发一段意味深长的特殊回忆。所有照片中，最吸引我眼球的当属一位朋友用三张照片拼成的一组。这些照片不仅带给我们美好的回忆，更讲述着一个个故事。

第一张照片上一位中年男子坐在独木舟尾部，手把舟桨，脸上露出灿烂的微笑。独木舟正经过一片湍急的水道，男子注视着坐在船头的一个还不太会划桨的小男孩。男子是我父亲，小男孩

---

① 即加拿大不列颠哥伦比亚省的夏洛特皇后群岛。——书中注释均由译者所注，以下不再一一说明。

当然就是我。那是一个温暖宜人的春日，我和父亲正在划船。从父亲脸上的笑容看得出他是多么心满意足，我想我没有看错，因为他正带着我踏上一段特殊的旅程，一场为儿子举行的成长仪式。

萨沙、米歇尔和我，都曾与父亲一道激流飞舟。我们才学会走路不久，父亲就把船桨塞到我们手上，向我们传授划船的技巧。我们会在他的看护下到加蒂诺山上哈林顿湖泻出的一道道急流中体验漂流。父亲不希望我们在平静的水面荡舟，而是希望我们迎难而上，亲身参与激流飞舟，同时多多少少能协助他把握船的航向。他也希望我们能从中获得乐趣。

下一张是两个男人划皮划艇的照片，但其中对抗激流的难度远远超过第一张照片中的。事实上，他们正处于湍流中。年长些的男人留着邋遢的胡子，坐在船的前部，手握皮划艇的船桨。船在湍流中的角度很危险，他看上去既兴奋又焦虑。在他身后，坐在船尾的年轻人正专注地避开一旁的大岩石。

两张照片中的人物相同，但拍摄时间相隔20年。第二张照片中，父亲享受着划桨，我控制着皮划艇的方向，两人在那一刻都全神贯注。两张照片都很感人，记录了时光的流逝，也反映出岁月对我们各自的影响。

第三张照片展现的是另一条闪亮的红色独木舟，让人眼前一亮。独木舟行驶在平静如镜的湖面上。我还是坐在船尾。索菲从船头向镜头招手。在她身后，埃拉-格蕾丝模仿着妈妈招手的样子，格扎维埃安静地坐在船的中央，向前张望。我们经常带孩子乘独木舟，这张照片捕捉到了其中的一次。照片拍摄于育空河的迈尔峡谷，对我们有特殊的意义，因为那是我们一家四口度过的最后一个夏天，当年冬天，我们的另一个儿子哈德里安出生了。

前两张照片上父亲是主角，我心里总认为第三张照片上也有他，当然我说的是他的精神。众所周知，他热爱划独木舟。这项运动让他走向户外，激励他树立了独立和生存意识。无论是作为一名年轻男性、一名有天赋的运动员，还是作为一名加拿大人，独木舟运动把他和他的祖先联系在了一起。他不会放过任何一个划船、滑雪和远足的机会，而且常常一去就是大半天。他是我认识的最精通户外运动的人。

照片是岁月流逝的见证，在我内心深处引发了共鸣，也让我更加思念父亲。我们每次一起划船或远足后，家人间的感情都会更加亲密。在城市，工作和政治上的压力有时会把家庭压垮。户外活动会让我们放松心情，我们只需做回真正的自己，不必扮演他人赋予我们的角色。我们一起学会面对困难，克服恐惧，同时我们对自己的国家及其壮丽的自然美景也心生出无尽的感激之情。

现在，我已不可能一时兴起就拿上滑雪板、船桨和救生衣，花上几个小时甚至是几天独自流连在群山或河流间。索菲和我会把假期和家人期盼的周日留给全家。然而，儿时受到的教育已深入我的骨髓，索菲和我都想把自己学到的全部传授给孩子。格扎维埃、埃拉-格蕾丝和哈德里安就是我们世界的中心，也是我们共同开启这次旅程的动因。

我非常有幸一生曾以不同的身份多次探索我们的国家，无论是儿时陪父亲旅行，年轻时到西部游历山川、念师范学院和主持卡提马维克基金会，还是今天作为一名父亲和政治家旅行。每次旅行都不断提醒我，我们生活在怎样一个国家，该如何缩小巨大的地理空间距离，以及该如何利用好这片土地给予我们的资源禀赋。地图无法描绘加拿大的辽阔。空中飞行无法让我们感受到大自然的馈赠之广。在三万英尺的高空，你无法感受草原三省的辽阔和罗杰斯山口的工程奇迹。只有脚踏实地，你才能真正发现脚下这片土地，才能与像我一样珍惜这片土地的人不期而遇。

太多的加拿大人强调他们的地域差异，但却忘了究竟是什么把我们团结在一起。我们是使用两种官方语言、有许多共同之处、同属一个国家的人民。尽管我们在文化、历史和地域上有差异，但加拿大人共同的价值观把我们紧紧联系在一起。我深爱和尊重加拿大，坚信我们加拿大人有无与伦比的潜能。我生命中每一件事都一次又一次印证和确认了这一事实，我政治生涯中每一个主张都基于这一前提。

然而，这种潜能很容易被浪费掉，一旦挥霍殆尽，就很难恢复。过去几年，在分裂化政治和为权而权的阴影下，我们国家的巨大潜能正在消逝。这不是加拿大需要的，更不是加拿大人愿意看到的。我们建国的宗旨非常好。我们建国的愿景独一无二，让全世界人民备受鼓舞。

国家潜能面临风险，这是我决定步入政坛、愿意站出来以不同的方式带领加拿大前进的一个原因。我的方式在很多方面反映出我所接受的教育和我的认知：我们不仅要分享脚下这片土地的馈赠，更要共同承担保护和丰富这份馈赠的责任。我们要珍视和加强我们举世称道的包容意识，更加尊重民主价值观。我们要敬重这片辽阔、美丽的土地带来的无价财富，敬重她带给我们的为子孙后代开创美好未来的希望。

如果我的话听起来有点狂，请一定原谅我。我仅仅是想通过这种方式表达自己对加拿大的热爱和珍视之情。我写这本书，目的是说明为何我对我们国家怀有这份情感，以及介绍我是如何通过学习提高自己的领导力的。

我对国家的愿景很大程度上基于自己的经历，同时也受到父亲特鲁多和母亲辛克莱、法语和英语、加拿大西部和东部的影响。正如每一条河流都是由成百条支流汇成的，我的愿景也是许多人和地区共同影响的产物。

我是一个儿子，但今天，我还是一个丈夫、一个父亲、一个对国家充满感情的男人。如果我希望有一天能有幸领导加拿大迈向公正、平等和共同目标，我认为有必要用我自己的话，向你们讲述我的故事。只有这样，你们才能从一个远离政治关注的角度，更好地了解我。我愿意与你们分享一直激励我的责任感：凝聚共识、服务国家，让每一个加拿大人都可以在一个强大、公正的加拿大找到自己的一席之地。

第一章

萨塞克斯路24号的童年时光

我的故事或许该从一个多世纪前的班夫镇讲起。班夫镇地处苏格兰人烟稀少的东北沿海地区阿伯丁郡。1911 年的一天，镇上一位爱好垂钓的教师詹姆斯·乔治·辛克莱和几个朋友到附近的小河钓鱼。刚刚垂下鱼线，一名警察就冲了过来，声称他们在非法钓鱼，因为这条河是“有主儿的”，从头到尾全归当地的贵族所有。

封建土地使用法在苏格兰和欧洲其他一些地方一直沿用至 20 世纪，违者会受到重罚。警察警告詹姆斯说，要是再抓到他偷钓贵族家的鱼，就让他尝尝坐牢的滋味。

詹姆斯和朋友们收拾好渔具打道回府。经过一片草地时，詹姆斯怏怏说道:“不钓鱼我可没法儿活。”同行的一个人于是开始讲起有那么一片广袤自由的天地，景色优美，森林里猎物出没，而且，“那儿的鱼不归贵族所有”。他说他是从一本书上看到的。地方虽好，只是远点儿，在 4000 余英里之外，要横跨大西洋，而且还在加拿大的最远端，这个地方叫“不列颠哥伦比亚”。

几个月后，詹姆斯·乔治·辛克莱带上妻子贝特西和他们三岁的儿子吉米，登上了驶往加拿大的轮船。在不列颠哥伦比亚，他们发现的远不止是鱼。他们的新家安在一片充满机遇的土地上。

在那里，不论你的口音，也不论你的出身，只要辛勤劳动就有回报。接下来的半个世纪，他们的儿子吉米长大成人，拿到工程学学位，入选罗德学者，二战期间成为加拿大皇家空军军官，当选联邦众议员，出任内阁部长，生意也很成功——而且，同他父亲一样，吉米一生都爱好钓鱼。

吉米和妻子凯瑟琳有五个女儿，他们给第四个女儿取名玛格丽特。如今，玛格丽特生活在蒙特利尔，她就是我妈妈。

1941年9月，吉米·辛克莱作为北温哥华选区的新任联邦众议员崭露头角，还在北非指挥加拿大皇家空军的一个中队。此时，一名法裔加拿大知识分子开始了他不同寻常的独木舟探险之旅，沿着创立哈德逊湾公司的法国皮货商17世纪走过的路线，从蒙特利尔驶到詹姆斯湾，全程1600公里。这次探险吸引了一些媒体关注，当地一家报纸以《大学生欢快漂流之旅》为题进行了报道，六位漂流者的大名见诸报端，其中一位就叫皮埃尔·E.特鲁多。

旅程充满艰辛。但对我父亲来说，这正是他所追求的。他在给朋友的信中写道："当别人扛着独木舟从陆上绕行时，我仍在与急流搏斗"，"食物消耗殆尽，岸上无路可绕，急流险象环生……总之一句话，人生变得美妙起来"。这就是我父亲眼中的家乡魁北克，一个让人自豪、雄奇壮丽的地方，充满粗犷之美。他始终相信，魁北克独特的精神风貌，既源于她的语言和文化，也来自她的山川大地。

我们家与水一直非常有缘。我最早的记忆就与水有关。记得那时我还不到两岁，裹着滑雪服，和父亲一起在哈林顿湖总理官邸滑雪橇。哈林顿湖官邸位于加蒂诺公园，归政府所有，是我父母共度时光时最爱去的一个地方。1973 年 12 月的一天，湖面尚未完全结冰。母亲当时正怀着弟弟萨沙，随时可能临盆。父亲拉着我坐的雪橇沿山坡一趟一趟爬上去，然后陪我滑下来，母亲就站在不远的山坡上为我们加油。每次雪橇飞驰而下都会一直滑到河边。这是从哈林顿湖泻出的一条河流，也是我日后漂流的河道。

几个来回后，父亲对滑道的安全性有了把握，便决定让我单独下滑一次。他在山坡上把雪橇往下一推，然后和母亲一道看着我从坡上往下滑。然而，雪橇刚一启动，父亲就感到要出大事，因为我俩在雪橇上时，两人的重量让雪橇很容易在冰雪上刹住。而当我一人滑时，雪橇非常轻盈，像滑冰一样飞驶而下，越来越快，直奔小河。父亲立即冲下山坡，急切地想抓住我。我母亲则站在山顶上惊恐万状，喊道："我的孩子！我的孩子！"

虽然那时我还很小，但我仍清晰地记得雪橇的一半扎进了河边的砂质河滩，我张开的双手泡在了冰冷的水中。当时我戴着蓝色的毛线手套，我的第一反应是手套全湿透了。父亲跑来救我时，我半是高兴半是惊奇地哭喊道："掉河里了，手套湿了！"父亲一手把我拎起，一手拉着雪橇，把我抱回到山坡上。那天过得非常有意义：我完成了户外运动爱好者的"洗礼"。

如同这次历险，我出生前后也发生了不少事情。在我父亲之前，约翰·A. 麦克唐纳爵士也曾在担任总理期间得子。我父母都是当时新女权运动的拥护者。这场运动彻底改变了人们的为人父母之道。然而，我父母毕竟相差 30 岁，这么大的年龄差距克服起来谈何容易。从历史角度看，1919 年，也就是我父亲出生那年，恰逢加拿大妇女获权在联邦政府担任公职的第一年。

1971 年，渥太华市民医院尚不允许丈夫陪妻子进入产房。得知这一限制，我母亲非常生气。如果丈夫不能在自己生产时在医院陪伴，她就要在萨塞克斯路 24 号生下孩子，也就是我。医院董事会得知我母亲的抗议后立即废除了这种过时的限制。此后，渥太华乃至全国的其他医院也纷纷效仿。圣诞节当天，父亲陪伴着母亲，共同迎接我来到这个世界。我从可靠渠道得知，母亲的生产轻松顺利，无惊无险。我认为，是我和父亲一道帮母亲破除了守旧的男权家长制思想。

两年后，弟弟萨沙出世。又过了不到两年，米歇尔也来到这个世界，因此我们在各方面都很亲近。我们经常一起玩耍——追赶打闹、互相捉弄、一起惹祸。我们就像三头小狮子一样横冲直撞。萨沙还裹着尿布时我就教他摔跤，他刚刚学步就抱着米歇尔一起打滚。看到我和萨沙精力如此旺盛，父母特意在萨塞克斯路 24 号的地下室铺上运动垫，好看着我们充分、健康地释放男孩子的过盛精力。

那时的哈林顿湖就像系列小说《哈迪男孩》里面的场景一样，是不可多得的探险之地。让人高兴的是，父亲向来鼓励我们探险。离湖不远一个旧式农庄和里面一座被废弃的粮仓就是我们的探险之地。绕湖走到一半，穿过一个废云母矿，有一个无人使用的船库，夏天我就和弟弟一起在那里做日光浴。离岸大约 100 米有一座很小的岛，是我们经常游泳的地方。我和弟弟刚满七岁时，就下决心以小岛为目标游个来回。

父亲赞同我们的想法，因为他总是鼓励我们挑战身体极限。

当然，他会亲自引导和保护我们——当我们努力完成这一仪式时，他会与我们一起下水，陪我们游个来回。

父亲也时常给我们一些惊喜。他会摊开一张加蒂诺公园的地形图，指着其中一点说："我们去这儿。"半个小时后，我们就会出现在野外，爸爸步履矫健地走在前面带路，我们连滚带爬地跟在他和母亲后面。他方向感极佳，我们从未迷过路。公园里的其他游客就说不准了。我们偶尔会遇到一些迷路的徒步者在路边徘徊，他们发现给他们指路的竟是加拿大总理。如今我回顾这些情景，感觉确实有点儿不真实。但我当时还是小孩子，觉得加拿大总理在加蒂诺山中给迷路的徒步者指路是再正常不过的事情。

季节变化从未阻止过我们的户外活动和远足。下雪给我们带来很多乐趣。我们很小就开始滑雪，但在哈林顿湖官邸滑雪，我们要在家里穿好雪鞋再出门。我们当时穿的雪鞋可不像今天的现代雪鞋那么轻便，而是用动物肠线扎起来的老式木质雪鞋，看起来有点像网球拍。在野外雪地行走时，父亲总喜欢用法语为我们讲阿尔伯特·约翰逊的传奇故事。约翰逊被称为"拉特河的疯狂捕手"，是"大萧条"时期声名狼藉的罪犯。加拿大皇家骑警在西北和育空地区的冰原上追了近250公里才抓到他。我们从故事中自然而然地获得灵感，也轮流玩起了"疯狂捕手"游戏，跑到加蒂诺公园的边远地带，看看能不能逃脱家人的追捕。

如果一个人穿着雪鞋走直路，跟踪他很容易。游戏的要领就是想方设法误导跟踪你的人，比如兜圈、故意走岔路然后绕回来、走"8"字形路线，甚至两手吊在树枝上，这样可以不留下脚印。我们喜欢这种游戏，一玩就是几小时。

"疯狂捕手"让皇家骑警一干人马追捕一个多月后，在伊格尔河一处冰封转弯处被皇家骑警击毙。而我们的游戏则常常以父亲突然出现，然后与我们分享黑巧克力结束。

直至八九岁时，我才真正弄明白父亲的职业，知道他不在家时都干些什么。母亲津津乐道我曾经将父亲称作“加拿大老板”的故事。但那究竟是什么意思呢？我朋友的父母做的工作我都能理解——做商店店员，做照顾病人的医生，或做电台播音员。这类工作我都明白。公共服务的概念太抽象，不容易理解。

有一天我问父亲关于我们房子的问题时，这个疑问再次出现。他回答说，我们拥有房子与拥有衣服、书籍的方式不一样。怎么会不一样？我很纳闷。我们明明就“住在”萨塞克斯路24号，为什么房子不是我们的？他解释说房子归政府所有，但这让我更糊涂了。难道父亲不是“管”政府的吗？他不就拥有这一切了吗？此后不久，1979年，自由党在联邦选举中失利。几乎一夜之间，萨塞克斯路24号就不再是我们的家了，我们收拾行李，搬到了几个街区外的正式反对党领袖官邸斯托诺威。那时我才明白，加拿大真正的老板是加拿大人民。

随着时间的推移，我开始理解父亲处理的一些更为复杂的问题，他促使我开始关注国家大事及其重要性。他之所以与两个年幼的儿子谈起1982年问世的《权利与自由宪章》，原因不难理解。我当时已十岁，足以熟悉和理解民主的基本原则，包括政府根据选民的意愿而更新换代等概念。在解释《权利与自由宪章》的重要性时，父亲指出，有些法规极为重要，不容政府推翻改写。早在父亲于上世纪60年代出任皮尔逊政府的司法部长时，他就想出台这样一部宪章。

多数人——或者，根据加拿大选举制度，有时还远远不到多数人——可以使用政府的巨大权力去限制少数人的权利，这一点让父亲非常震惊。他称这是“多数人的暴政”。因为我们还是小孩子，他就举例解释说，比如占人口绝大多数的习惯用右手的人，绝不能因为左撇子占少数就制定伤害左撇子的法律。

父亲在语言上属于少数派。他们这一代人曾目睹过一些人利用和操控国家权力，对世界上其他人干尽难以启齿的坏事。他一生奋斗，皆为建立、塑造一个在宗教、族群和信仰上无与伦比的、多元化的加拿大。要实现多元化，人民必须先获得自由。他想以制定《权利与自由宪章》的方式，使加拿大的任何群体都不可能利用执政地位恣意限制其他群体的基本自由。从这个意义上说，他的核心价值观是经典的自由主义主张。这同样是我的价值观，我与父亲一样都对此深信不疑。

《权利与自由宪章》通过后几年间，加拿大的个人自由空前扩大。通过援引《权利与自由宪章》，加拿大废除了多部粗暴的法律，因为这些旧法对加拿大人的生活隐私横加限制。由于这部宪章，加拿大人不再因性取向而在职场受歧视，也不再因所爱的人与自己性别相同而被禁止结婚。由于这部宪章，妇女获得了掌管自己生殖健康的权利。1982 年《宪法法案》的其他条款也致力于与此相同的目标。例如，第一民族[①] 就利用该法案第三十五条，在法律上确立了自己的法定权利。这些权利曾在欧洲人来到加拿大后屡遭政府的侵犯。

我 2008 年进入联邦议会后时常会想，如果没有《权利与自由

---

① 指加拿大原住民。

宪章》，哈珀执政时期会是什么样。哈珀先生和他的党派不是这部宪章的粉丝。他们拒不纪念《权利与自由宪章》问世30周年。他们很少谈及这部宪章，他们的专制倾向多次因加拿大最高法院坚持《权利与自由宪章》才被遏制。在我看来，自由党和保守党之间在自由理念上存在根本分歧。自由党的理念是，无论出身或信仰，人人享有同样的基本权利与自由。《宪法法案》应保护所有人的基本权利不受强权限制，甚至被强权剥夺。而保守党的理念在我看来，似更注重赋予具有权势的人或群体以任意使用权力的自由。

我对自由党关于"自由"的理念深信不疑。2014年春，我宣布坚决支持妇女堕胎的权利。这对我在联邦议会的某些同事而言，是一个巨大的转变。此前，自由党认为议员是否支持堕胎可由其根据个人的宗教信仰自主决定。作为一个生长在罗马天主教家庭、在耶稣会学校受教育的人，我理解很难让信仰虔诚的人撇开信仰，为与自己信仰不同的加拿大人服务。但对我来说，这正是自由主义的真谛。也就是说，个人信仰应予以重视和尊重，但个人信仰与公共责任有着根本区别。我对自由的理念是，我们既要捍卫人民依照自己的良知选择信仰的权利，也要同样全力保护人民不会被迫接受他人的信仰。这就是公民表达看法与议会投票之间的区别。议员在议会投票时，不仅仅是表达某种观点，更是在表达一种意愿，希冀将自己的观点变成法律，用来约束其他所有加拿大人。这二者之间，必须泾渭分明。我相信，若父亲仍还在世，他一定会同意我的看法。

虽然父亲工作性质很特殊，但作为父亲——我们用法语的

“爸爸”称呼他，因为我们总用法语跟他说话——他与大多数父亲在许多方面都一样。他会跟我们开玩笑，一起玩游戏，有时甚至还会带上我们去上班（这可是特殊待遇）。萨沙、米歇尔和我经常在议会大厦中央区的三楼玩上好几个小时的捉迷藏。时至今日，每当我走过议会大厦的某些房间或某段楼梯时，儿时的记忆都会像潮水般涌上心头。

由于父亲能明确区分总理和人父这两种角色，所以我能近距离观察父亲履行总理职责的机会并不是在渥太华，而是在我们陪他在国内出差或国外出访时。在渥太华，除了国殇纪念日、国庆节等礼节性场合外，我们很少在他的公共活动中露面。但如果我们陪同他离开渥太华，情况就不一样了。

轮到我陪他出国访问时，经常是我坐在酒店房间吃早餐蛋糕，父亲同时就在一旁听取外交政策顾问鲍勃·福勒和行政助理泰德·约翰森等人详细汇报有关当日会谈会见的安排。我有时也参加一些晚间正式活动。这让我有机会见到其他国家的领导人，如英国首相玛格丽特·撒切尔、德国总理赫尔穆特·施密特和瑞典首相奥洛夫·帕尔梅。帕尔梅曾送我一把用驯鹿角做刀把的猎刀，我珍藏至今。

有时我会在重要活动时陪同父亲坐在前排。1982 年，我们访问加拿大在西欧的军事基地时，苏联方面发布了领导人列昂尼德·勃列日涅夫逝世的讣告。第二天我们就启程前往莫斯科参加葬礼。

加拿大驻苏联大使杰弗里·皮尔逊到机场迎接我们，并在去酒店的路上向父亲汇报。我记得他们的谈话主要集中在谁会接替勃列日涅夫。穿行在莫斯科城中，我看到夜幕降临在这座黑暗而阴沉的城市，听到父亲与同事就苏联国内政治进行长时间的详细讨论。他对苏联国内政治的了解与常驻在莫斯科的外交官不相上下，这让当时还是小男孩的我进一步确信，父亲几乎无所不知。

小孩对军控或贸易协议等问题的了解非常有限。但有一点我开始有所领悟：个人关系在外交关系中的作用至关重要。我感到惊奇的是，父亲听取的汇报中，关于对方领导人个性的内容与谈话议题本身的内容一样多。

更有意思的是目睹外国领导人与我父亲会见的场景。让我觉得不可思议的是，这些领导人有时好像观点迥异，但相互之间却谈笑甚欢，罗纳德·里根就是其中之一。

我九岁那年，里根总统到萨塞克斯路24号和父亲共进午餐。那天很明显有要人来访，因为皇家骑警十步一岗，把整个官邸围了起来，这比我此前或此后在草坪上见过的安保级别都要高。

这位充满魅力的美国总统进入官邸后，父亲向他介绍了我，并建议他们共进午餐前我们三人在阳光房小歇片刻。坐下后，里根满面笑容，问我是否想听诗朗诵，父亲扬了扬头表示很有兴趣。父亲喜欢诗歌，经常从拉辛的《费德尔》和莎士比亚的《暴风雨》中选些篇章让我们背诵。但里根的爱好有所不同，他没有选择古典诗篇，而是开始朗诵罗伯特·瑟维斯的叙事诗《枪击丹·麦格鲁》（“雪橇犬酒吧，有一群男孩在狂欢……”）。

我被这首诗迷住了。父亲则略感茫然，一方面觉得诗的主题对一个九岁孩子不太合适，另一方面又觉得这位出身牛仔和演员的总统选择这类诗歌倒也算合乎情理。尽管如此，这件事还是产生了影响。因为印象深刻，我背会了这首诗和其他父亲从来不会教我的叙事诗，从《山姆·麦吉的火葬》到艾尔弗雷德·诺伊斯的《拦路强盗》。

同样值得回忆的是出国访问时在波音 707 政府专机上度过的时光。飞机靠前的部分有八个大座位，四个一排，乘客相对而坐。每排座位后面各有一张长凳，长途飞行时我和父亲就睡在上面。我们这个区域和工作人员、安保人员及记者乘坐区之间有一道隔板。因父亲要在飞机上工作，我又没有弟弟同行一起玩，我有时会到飞机后半区找认识的人说话。谈话虽然有趣，但我每次都不多待，因为当时飞机上还不禁烟，政府飞机也是如此，吐出的烟雾缭绕于空气中，让我咳嗽不止。

随同父亲出访最有价值之处是有机会目睹他如何决策。他总是在提问，对周围人的意见提出不同看法。在所有人发表意见之前，他很少详细表露自己的观点，这与他在公众中近乎独裁决策者的形象形成鲜明对照。父亲作出的任何决定都是集思广益的结果，这一过程有时需要几周或数月。我在波音 707 飞机上学到的这种决策模式塑造了我自己的领导风格。

所有这些就是我的成长环境。然而在我脑海中占有最重要位置的，仍是我们一家五口在渥太华的家庭生活，以及父母对我们的疼爱。

虽然公务占去爸爸的大部分时间，但他对孩子一直关怀备至，亲力亲为，乐在其中。他喜欢做天下父母都要做的琐事，如起夜照料襁褓中的我们，或是我们长大一些后给我们修自行车、组装圣诞玩具。我们晚上睡觉前他会给我们讲故事，当然是用法语。讲希腊神话中夺取金羊毛的英雄伊阿宋，讲特洛伊城的帕里斯和海伦，也讲吓得我们屁滚尿流的独眼巨人波吕斐摩斯及其洞穴的故事。白天，他会带我们体验几乎所有的体育运动，但他对足球、橄榄球和冰球等集体项目好像没有太大兴趣。他教我们划船、攀岩、使用枪支和弓箭、户外越野、游泳、潜水、吊绳滑降，当然还有滑雪。在哈林顿湖，无论寒暑晴雨，我们每天至少在户外活动四个小时。爸爸有一句豪言壮语:“没有坏天气，只有坏衣服。”

父母均擅长滑雪。母亲滑起雪来更加美丽。至于父亲，无论雪道多高多难，他都能以优雅的身姿和进取的意志独领风骚。父亲七十多岁时照样能在最具挑战性的雪道上紧跟我们兄弟几个，一步不落。

除了滑雪和划独木舟，父亲也经常练习国标舞，或沉醉于古典音乐和严肃文学，也会鼓励我们养成这方面的爱好。父亲鼓励甚至期待我们既要懂历史、天主教神学、基础哲学，也要知道如何在滑雪时拐平行弯和怎样扛着独木舟穿过茂密的灌木丛。

我们兄弟三人参加了柔道课，学会了“受身”和“寝技”。我四五岁时，父亲教我拳击，后来我很喜欢拳击。

母亲坚持要求我们在其他方面开阔视野，但在我身上收效不大。我六岁时，母亲给我报了芭蕾舞班。虽然文化上我主张不拘一格，但和另一个男孩一起站在16个女孩中间，我年幼的心灵还是接受不了。为了安抚我的自我意识，母亲和芭蕾舞老师达成妥协，允许我穿普通裤子，而不是紧身裤，但我还是不满意。我讨厌学芭蕾舞，每次被拖去上课时都要反抗。有一天，母亲没办法，只好硬把我拉出萨塞克斯路24号的大门，我又踢又叫。我抓住大门框，死死拉住不放，母亲怎么说我也不答应。这时一个在旁边漆栏杆的工人看到我们闹得不可开交，说:“得了，女士。让孩子歇会儿吧。”

就这样，耍赖得逞。虽然那天我还是去上了芭蕾舞课，但那是最后一次。

作为我们的父母，母亲和父亲配合得很好。但众所周知，他们做夫妻却有些困难。母亲的说法是她无法与父亲“正常”或好好地谈问题。他们无法找到双方可以接受的中间立场，无法相向而行，结果是情绪决堤，而他们又都不加控制。久而久之，双方的不快越积越多，直至离婚。

母亲从不否认父亲是个模范父亲，因为他总是抽时间和孩子们在一起。事实上，父亲关于如何当家长的观念超前于他的时代好几十年。他总能找到一些激起我们强烈兴趣的新事物，一些引人探索的趣味发现，也总能想方设法让我们欢笑开心。

有时候，父亲带孩子的积极性让他那些规规矩矩的同事很吃惊。我还是个婴儿时，父亲常常白天就回家照顾我，经常是还没脱大衣就冲上楼跑到婴儿房。为了白天能在家看孩子，他会请内阁成员到萨塞克斯路 24 号共进工作午餐。我至今记得，有一次他干脆把我放到婴儿座椅上，让我与他的诸位同事共同上桌用餐。这令他们惊愕不已，在场的新任财政部长约翰·特纳看了我一会儿，对父亲说:“别担心，皮埃尔。孩子再长大一点就更好玩和更有意思了。”多年后，父亲讲起这个故事时仍觉得特纳的话让人不解：对父亲来说，没有比看着一个小孩发现身边的世界更有意思的事了。无论是看到我们第一次开口讲话、第一次开始走路，还是看我们在跳水板或蹦床上完成第一个后空翻，他都会兴奋和陶醉不已。在有关父亲的记忆中，无论是最初的还是最后的，我都能清晰地感受到他对我们的爱。这份爱是我童年的支柱，胜过任何事。

老实说，做总理的儿子确实有很多乐趣。比如皇家骑警给我们家每个人起的代号：父母是枫叶1号和2号，我的两个弟弟是枫叶4号和5号。我是枫叶3号。我们常去的所有地点也都有代号。我上学的洛克利夫公立学校叫81区，我的好朋友杰夫的家叫76区。有时皇家骑警的警员会让我们兄弟几个用他们的对讲机与其他车里的警察们用代码联络。我至今感到骄傲的是，有一天我破译了他们所谓的密码："阿尔法（Alpha）、布拉沃（Bravo）、查理（Charlie），你们不过是取每个词的首字母而已！"

在萨塞克斯路24号举行生日聚会特别好玩。那一天，我们会把官邸这座形状不规则的旧房子变成游乐场。因为萨沙和我都是圣诞节过生日，12月中旬我们就会分别邀请全班同学来参加聚会。聚会那天大概会来40个小朋友，爸爸当天会躲进办公间。我们可以自由自在地玩一个叫"雪崩式搜寻"的游戏，这个游戏是捉迷藏的一种，规则是每个被找到的人都要加入搜寻队伍，直至游戏最后所有人都在找那个隐藏最深的小孩。

这就是我生活中为同学所见或有时羡慕的一面。但偶尔也会发生令人惊讶的意外。我记得11岁时，6月的一天，我正和朋友杰夫·吉林在萨塞克斯路24号外的通道上玩耍。一辆车突然停下来，车门打开，一位年轻优雅的女性拎着健身包从车上下来：原来是威尔士王妃戴安娜。她当时正和查尔斯王子在加拿大旅游，我已听说她会悄悄地来总理官邸后面的游泳池游上几圈。我决定以适当的方式对她表示欢迎。

杰夫和我依稀感到我们应该表示某种礼节，但穿着脏兮兮的T恤和牛仔裤站在那儿，实在是手足无措。深鞠躬？敬礼？索性，我们把自行车扔在一边，立正站好，这就是小孩心中仪仗队对王妃该有的姿势吧。那一刻对我来说有点尴尬，特别是她看上去好像有点不悦，似乎感觉我们闯入了她的私人空间。当她从我们身边快速走过后（可能眼珠子朝我们转了一下），我即刻就此向杰夫表示歉意。不料他眼睛瞪得老大，大声说："哇！太棒了！"

同一时期还有一个与杰夫有关的事件。我们和一些朋友一起在家附近骑车，一名皇家骑警照例开着车跟在我们后面。我倒觉得没什么，但有朋友提议如果我们甩掉这个"尾巴"一定特别有意思。于是我们骑到一个公园，然后来了个急转弯，穿过几条小街道，七拐八弯地绕到杰夫家。不料这位皇家骑警已在那儿等我们了，因为他早就猜到我们这点小把戏。游戏结束后，警官护送我回家。出于职责，他还提交了一份关于本次"事件"的报告。

我和朋友们都认为甩掉警察很好玩，但父亲不这么认为。总之，他非常生气。"你认为那些人就这么喜欢跟着一个11岁的孩子到处转吗？"他质问道，"他们的工作是保证你的安全，这样我才能安心工作。你这是故意为难他们……好玩吗？"接着他以我再熟悉不过的严厉口吻补充道："这完全是对他们的不尊重。我把你养大可不是让你变成这样的。"

让父亲失望是我小时候感觉最糟糕的事。像所有小孩一样，我渴望得到父亲的注意和赞许。虽然他对我总是关注，经常赞许，但他的每次指责都会让我如坐针毡。

然而，有时候我们也会非常不听话。我不知道萨沙、米歇尔和我是不是比同龄的男孩更淘气。我只知道我们的父母，特别是父亲，对任何离经叛道的行为都是零容忍。也许我们成长的环境很优越，但在实现父母对我们的期许和遵纪守法方面，他们对我们从未娇纵过。

母亲一贯强调必须养成良好的举止。不讲礼仪和不懂礼貌，会招来她严厉的训斥。“良好的举止会为你打开一扇门，”她告诫道，“只有门打开了，你才能展示你良好的品格。”她要求我们待人接物一定要诚恳。“不搞虚情假意，”她说，“如果你虚情假意，别人一定会看出来。一旦人家认为你不真实，就再也不会完全信任你。”

待人诚实、尊重他人是父母对我们兄弟三人的核心教诲。我八岁时，父亲有一次带我去国会大厦的餐馆吃午饭。我吃饭抬头时看到了反对党进步保守党的领袖乔·克拉克。为了让父亲高兴，我给他讲了一个从学校听来的关于克拉克的笑话，但他一点儿也不觉得好笑。事实上，我的行为让他大为吃惊，随即给我严厉地上了一课，告诉我应当如何以公平的方式攻击反对者的立场。虽然我并无意对克拉克进行人身攻击，但为了进一步说明他的观点，他把我带到克拉克先生的餐桌前打了个招呼，同桌的还有他女儿凯瑟琳。

我常常问自己，当父亲目睹现实政治舞台上一些人不去严肃讨论问题却广泛使用人身攻击的手法时，他会作何反应。他一定会对此作呕，感到失望，这一点我毫不怀疑。他肯定会寻求一种能以雷霆万钧之势表明自己观点的方式，但绝对不会采用他嗤之以鼻的人身攻击方式。

尊重他人，无论其立场或头衔，是我们兄弟几人小时候受到的最重要的教育。有时候父母亲会主动引导我们关注他人的优秀品德并强调对这些人要敬重。我们的女管家希尔德加德·韦斯特（我们都叫她希尔达）就是品德优秀和值得敬重的人。很难说清希尔达究竟是靠什么使我们全家都对她充满感情，但她确实浑身上下都散发着温暖的气息。

有一天，可能是为我的评论或希尔达的高尚行为所触动，母亲特意把我叫到一边说：“贾斯廷，你的一生中会见到国王、女王、总统，以及各种各样有权力和声望的人。但不管他们的头衔是什么，他们中很多人都不会有希尔达那样的人性光辉。”

父亲对与人交往时尊重他人的要求更为严格。有一次，我把派给我们的一名皇家骑警叫作“秃子”，他本人也欣然接受了这种称呼。但我父亲无意间听说后，要求我立即当场向那位警官正式道歉。警官可能会对一个小孩随口说出的昵称感觉好玩，父亲却不。他一定要让我知错并牢记。

除了萨塞克斯路24号的世界外，加拿大西部也是我的精神家园。不列颠哥伦比亚省的辛克莱家一直都是我逃脱渥太华及其条条框框的最佳去处。我的族谱中有一半人在辛克莱家族，但很多人却往往对此加以忽略。所有人都知道我是前总理的儿子，但不少人却忘了我也是另一位杰出政治家吉米·辛克莱的外孙。正如我前面提到的，他生于苏格兰，刚刚学步时就来到不列颠哥伦比亚省。我两个中名中就有一个取自吉米·辛克莱的名字，他还带给了我很多精彩的回忆。

吉米·辛克莱曾在战争期间指挥过加拿大皇家空军驻马耳他、西西里岛和北非的空军中队，后来长期在联邦议会担任议员，代表北温哥华和海岸-卡皮拉诺选区，并在路易斯·圣劳伦特总理内阁出任渔业部长。政治生涯结束后，他担任了拉法基水泥集团北美分公司的总裁和主席，成就斐然。

吉米确实是“男人中的男人”，他魅力四射，个性十足，是真正老派的基层政治家。众所周知，我父亲面对人群应对自如，但吉米却不怎么行。他需要专门训练才能克服在人群前害羞的天性。但外公的事业却都需要他与人打交道。他的竞选活动就像家庭作坊搞推销，全家老小齐上阵，以确保投票时的支持率。母亲的大姐希瑟还记得有一次在家里接到一个电话，电话里一个六岁的小孩儿唱道："二！四！六！八！我们欣赏谁？吉米·辛克莱！"多年后，当我在蒙特利尔的帕皮诺选区作为自由党候选人竞选时，我采用的就是外公这种挨家挨户拜票的竞选风格，而不是我父亲的那种，原因就是这种风格与我的个性非常契合。

吉米对我有一种特别的喜爱。我有很多机会与他待在一起，我父母每当要去海外长期旅行时就会把我们兄弟几个放在外公外婆家。外公的家在西温哥华市的洛克雷奇路，房子后面有一座特别棒的花园，从屋后一直延伸到柏树湾的河堤，外公经常带我们在花园玩。他把河堤变成了花园的一部分，并用我们兄弟几个的名字命名路标。这儿是贾斯廷路，那儿是萨沙岩，更远处是米歇尔观景台。我们经常与他在奇妙的树林中整天整天地玩耍，帮他做园艺，玩捉迷藏，或把柏树湾上上下下跑个遍。

外公家的院子边有一条铁路，每天都有火车驶过，包括历史上著名的"皇家哈德逊"号蒸汽火车，带着游客穿过西温哥华市往返斯夸米什市。每当火车经过，我们都会挥手打招呼，有时还举着一个写有"啊，加拿大"的牌子。每当火车司机看到我们的牌子时，都会按响火车上特有的演奏加拿大国歌前四个小节的汽笛。作为移民，吉米深深爱着他的国家。每一天，他都把这份爱倾注到他周围的人和事中。

回顾在洛克雷奇路的一幕一幕，我们当时就像20世纪70年代加拿大爱国热潮中的典型爱国儿童。这就是为什么不列颠哥伦比亚省对我具有特殊意义，它吸引着我在二十多岁时再次回到这片土地，开始从事教育工作。

吉米喜欢和我们打牌，我们经常玩一种他叫作“邦克”的游戏。打牌时，他会说这一手牌或那一手牌将决定谁是“西部沙漠冠军”。我以前一直认为这不过是一句很顺口但无实际意义的口头禅，直到我成年后得知吉米的军旅生涯后，我才体会到“沙漠”指的是西撒哈拉沙漠。二战期间，吉米曾在此参加过几场非常惨烈的战斗，为国效力。我了解到他打牌时常说的那句不经意的话竟出自真实的战争经历后，不由肃然起敬。我现在因工作会见国内的退伍军人时，时常想起外公，被他们为国效力、不辱使命的精神和他们那些不为人知的故事深深打动。

1984 年外公去世，这是我们三兄弟第一次失去亲人和感受悲痛。在萨塞克斯路 24 号听到这一噩耗，我们放声大哭。一名来自法国的女性工作人员可能觉得这样不太合适，她请我们抑制一下悲痛情绪。但不用说，我们还是愿意任由悲伤发泄出来。

有一次去加拿大西部，我们兄弟几人去了阳光海岸，看望母亲年迈的祖母，我们都叫她吉伊。她很多年前从英国移民至此，在吉布森斯市平静地颐养天年。吉布森斯市风景如画，吉伊靠阅读当地图书馆借来的书打发时光。当母亲向我讲起她小时候在阳光海岸度过的快乐时光时，我第一次意识到时光的流逝。父母也老了。

我还见过祖母格蕾丝·艾略特，但我那时太小，记不太清楚了。我出生时祖母已罹患痴呆。但当母亲把我放在她膝上时，格蕾丝似乎突然清醒了片刻。“这是皮埃尔的儿子？”她泪流满面地说，“皮埃尔给我们生了个儿子？！”大约一年后，她就去世了。

我对辛克莱家族有很深的依恋之情。外婆凯瑟琳非常出色，我很高兴格扎维埃和埃拉能在外婆去世前对她有所了解。我姨妈珍妮特在航空业劳工界非常活跃。虽然她最近退休了，但我旅行时在温哥华机场仍可享受特殊待遇，原因很简单，因为我是珍妮特的外甥（确实如此，在蒙特利尔的皮埃尔·特鲁多国际机场或其他机场不会有任何特殊待遇）。我另一个姨妈叫林，她在我很小的时候就搬到美国去了，但每次林和她出色的丈夫弗雷德来家里做客时，我与弗雷德总会激烈地讨论政治，因为他是个不折不扣的共和党。我小姨叫贝特西，是一名半退休的注册护士，她丈夫罗宾是英国人。他们在温哥华岛上开了一家“布伦特伍德湾苗圃”。我大姨父汤姆是我的教父，他年轻时曾是不列颠哥伦比亚雄狮美式足球队队员，后来娶了辛克莱家的长女希瑟。我大姨希瑟是名教师，也是我在加拿大西部学习教育学时的导师。希瑟20世纪40年代就参加外公的竞选团队，是当时最年轻的竞选志愿者。希瑟从未失去对政治的热情，至今仍活跃于自由党在多伦多的各种政治活动中，包括我竞选自由党领袖的活动。2013年，我作为自由党领袖在众议院首次参加议会辩论时，她专门到场，在公众旁听席向我挥手致意。我也向她致敬，并请她注意我的胸前。她看了一眼，露出赞许的微笑：为了纪念这一特殊的日子，我特意系了一条辛克莱家族格子图案的领带。

这样做很得体。虽然我与母亲的关系多年来有起有落，但特鲁多家族和辛克莱家族之间的关系一直极为牢固。

作为总理的儿子，我并不是每时每刻都很开心。我也有难过的时候，且大都与父母婚姻出现的问题有关。

关于他们的婚姻及其结局，别人已经写过很多。其中很多耸人听闻，与事实不符。如大家所知，许多报道直接涉及我的个人隐私，所以我一直不愿谈及。但最终我还是决定，我如果要写书来说明自己如何成为今天的我，就无法回避这个问题。父母都给过我非常积极、良好的影响，我今天的大部分品格与他们的言传身教都分不开。但就像所有离异家庭的孩子一样，他们的分道扬镳也给我的成长带来不小的影响。

近年来，我对父母婚姻中存在的紧张关系有了更清晰的认识。其中一个就是我之前提到的他们在年龄上的差距，这是很容易觉察的，出现的问题也很容易被归咎于此。但记住另一点也很重要，他们在结婚之初深爱对方，在后来的人生道路中很大程度上也是如此。

在他们离婚这件事上，有一点甚少被谈及，即使在母亲公开婚变后也很少被谈及，那就是母亲一生都在与躁狂抑郁症抗争。在公众视野下生活会承担多数人难以想象的沉重压力。这种压力并非不可克服，也不一定必然带来创伤，但需要你保持一种能够应对这种长期压力和周期性困扰的心态。父亲通常可以苦中作乐，他会把困苦当作对自己的考验和挑战，并通过调节注意力和严于律己加以克服。但母亲的经历则大不相同，每当病情发作时，她会变得不可理喻，甚至让人受不了。

躁狂抑郁症并非特别罕见。研究表明世界上大约有 3% 的人患有这种病症，男女患病比例相同，任何民族、种族和社会阶层的人均可能罹患此疾。你有 100 个“脸书”好友吗？有可能其中三人就有躁狂抑郁症的症状。很多精神疾病没能得到必要和应有的认识和治疗。这很不幸。如果你手臂骨折、出现皮疹，或得了慢性咳嗽，你很可能会直接找专业人士帮忙，也会获得很多人的同情。但精神健康问题就不一样了。不幸的是，即便是在今天这个相对开明的时代，与精神相关的疾病仍难以得到应有的公开治疗。患者要么会想当然地认为自己会“挺过去”（朋友和亲人也经常这样建议），要么会担心他人给自己的疾病安上不明不白的污名。

母亲有着随时灵光闪现的杰出头脑。当她最终接受自己患病的现实后，她便开始积极倡导公开应对精神疾病。她在多个场合谈及自己的疾病及与疾病抗争的经历，有时我会陪她一起站上讲台。2010年，她撰写了一本非常独特的自传，取名《改变我的想法》，书中叙述了她接受自己身患疾病的艰难历程。

书中传递的一个重要启示是，人们需要以率直和建设性的方式讨论精神健康问题。这种态度非常开明。但不幸的是，在我母亲开始与躁狂抑郁症抗争的20世纪70年代，这种态度还闻所未闻。如果当时这种态度得以普及，她绝不会那么痛苦，无论作为年轻的母亲还是妻子。

但与此同时，父母还要与30年的年龄差距作斗争。即便母亲没有潜在的疾病，这也是一个难以跨越的障碍。母亲也许1967年在塔希提海滩上第一次见到父亲时就已被他迷住。几年后，他们再次见面时，父亲很可能也同样被母亲的魅力和美貌所打动。但现实总是以自己的方式不断侵入我们的生活。事实是，母亲偶尔会认为父亲是个“老脑筋”。他们结婚时，父亲几乎已成为社会自由主义的偶像，但在整个婚姻中，父亲始终没能跳出他自幼形成的传统主义观念。

相反，母亲却总是超前于时代。她常常被描绘为“花孩儿”，总想冲破丈夫视为惯例的各种约束。她难以忍受任何限制，难以忍受像一只养尊处优的鸟儿被关在萨塞克斯路24号这个镀金鸟笼里。“全世界普遍认为皮埃尔是个会跳芭蕾舞并用脚尖旋转的男人，”玛格丽特在《改变我的想法》中写道，“但其实他只会日复一日地工作。除非出席正式活动，我们从来没去看过芭蕾舞或进过剧场。对他来说，这种人生已经完美……但对我来说，这还不够。我渴望娱乐，需要娱乐。”

此外还有其他一些复杂因素，包括宗教信仰的差异。父亲是虔诚的天主教徒。母亲虽然成长于英国国教环境下，但除了上世纪60年代浅尝辄止地接触过佛教外，甚少宗教信仰。她完全无法理解父亲稍有过失后表现出的无所不在的罪恶感，同时她对教会介入个人生活的程度深感不快。她有一次对我说：“即使是你的‘想法’，也会成为原罪和忏悔的对象。”她还说，这种入侵个人心灵隐私范畴并寻找“思想犯罪”（借用奥威尔的用词）的做法尤其令她心烦。

在我今天看来，外界常讲的我父母婚姻破裂的故事犹如一幅讽刺漫画。因为父亲并没有看上去那样的固守传统和顽固不化，母亲内心深处也不完全像她表现出来的那样天马行空。事情远没有那么简单，特别是对父母这样一对关系复杂的夫妻而言。有些人习惯以非黑即白的方式看待我父母的关系、他们的热情、成功、目标和悲剧，或把他们的婚姻仅仅视为一个冷酷高傲的男人和一个充满热情、无拘无束的年轻女人之间的不完美结合，我觉得这些人既可笑又可恶。他们的说法虽有一定道理，但并不是事实的全部。

母亲常把爸爸称作“斯波克先生”[①]。他们每次争吵，母亲都认为父亲过度理性的思维方式极像瓦肯人[②]。母亲情绪激动时，父亲总是以严格的逻辑和修辞来应对，这让母亲感觉父亲居高临下而且冷血。父亲也会觉得母亲的做法让他很恼火，而事实上，母亲这是在求他帮忙。

在母亲眼中父亲是个工作狂，一个全心将自己奉献给国家的男人。一定意义上，的确是这样。但父亲对孩子们的付出同样也很多。母亲生长在西海岸一个姊妹五个的热闹大家庭里，她想念的是社交丰富的生活。她童年时，西温哥华的辛克莱家就是一个社交中心，亲朋好友常来常往，即席宴饮之后，大家还要聊上几个小时，欢笑、畅谈或分享烹调秘诀。她周围的人都以追求生活中的最大快乐为人生目标，及时行乐乃西部众生的人生大事。

这样的生活方式在萨塞克斯路24号想都别想。母亲把这座四面透风的豪宅称作“联邦监狱体系皇冠上的明珠”。她还时常把官邸比作女修道院，她就是女修道院院长，管着七个以上负责扫地和做饭的孤独的女性工作人员，和轮流照顾我们兄弟几个的保姆。(包括黛安娜·拉韦涅、莱斯利·金伯利、莫妮卡·马伦和莱斯利的妹妹维基。她们用爱心和智慧呵护我们兄弟几个，她们非常可爱。我对她们一直心怀感激。)

渥太华的成长经历让我知道，政治领袖及其家人身边都有为他们服务的人员。这也正是为什么政治家不时会有些特权意识的一个原因。(我自己也不能幸免。我有一次参加社交聚会时就漫不

---

① 电影《星际迷航》中的外星人。

② 同上。

经心地将自己的大衣交给一个朋友拿着。几秒钟以后他就把大衣扔了回来。这才是真正的朋友。）父母尽最大努力将我们与任何特权意识隔离开来，希望我们敬重和感激身边每一个人。

虽然母亲憎恨萨塞克斯路 24 号的严格传统，但对为人妻为人母方面的诸多传统甚至陈规旧习，母亲却很看重。她是个烹饪能手，经常自己做面包，有时甚至很乐于做些洗衣服、打扫房间的家务。兴之所至，她曾不止一次给萨塞克斯路 24 号的内勤人员放假，自己替她们干活。“我是一只筑巢的鸟。”她形容自己说。同时她也叹息，恐怕很少有地方比在总理官邸“筑巢”更具挑战性、更不合适的了。

父亲的生活总是井井有条，甚至宛如僧侣。他从早上八点半一直工作到晚上六点，之后才会回家吃饭并和孩子们在一起，晚上余下的时间他会躲进办公室看内阁文件。母亲喜欢的看戏、看芭蕾舞、看文艺演出的活动很少，甚至几乎为零。即便有，这些演出也充斥着各种礼宾礼仪和正式活动，让她感觉索然无味，乐趣全无。

有一次，我刚出生不久，母亲实在忍无可忍，用婴儿车推着我从房屋中冲了出去，把安保人员甩在后面，她只想跳出作为总理夫人的种种限制，自由自在地待一会儿。父亲发现后，既愤怒又害怕。母亲的行为反映出她冲动、随性、及时行乐的性格。虽说当初正是这种性格让皮埃尔和玛格丽特走到了一起，但萨塞克斯路 24 号的生活不允许她再这么任性。没有警卫保护的总理夫人及其幼子是绑架犯甚至恐怖分子的最佳目标。我出生于“十月危机”次年。“十月危机”中，“魁北克解放阵线”绑架了英国贸易专员詹姆斯·克罗斯，杀害了魁北克省劳动厅厅长皮埃尔·拉波特。玛格丽特和我遭人绑架并非不可能发生的事。

父母处理婚姻破裂的方式各有不同。婚姻破裂对母亲的影响是离心式的：情感冲击把她往外推向远方，推到其他国家，推到其他人身边。父亲则是反求诸己，以耶稣信徒的宗教方式接受了自己不适合正常家庭的事实。他转而将自己修道院式的完美主义放在工作和孩子身上。

对我来说，那段糟糕的日子在我记忆中是一幕幕令人伤感的画面：我走进萨塞克斯路 24 号的藏书室，看到母亲泪流满面说要离开，父亲一脸铁青地面对她站着；发现母亲不再把萨塞克斯路 24 号叫作“家”；在报纸头条上看到父母离婚的消息；我试图挽回但无济于事。

很多离异家庭的孩子都说他们对父母的离异有种负罪感，认为是自己的过失才导致父母不能在一个屋檐下生活。我就从来没有这种负罪感，因为他们分手时我就知道，与他们作为父母承受的日常压力相比，他们的生活方式所产生的种种要求对他们的影响要更大更多。

我当时的感觉是自己越来越没用。我曾偷偷地以为我可以成为母亲继续留下来的理由。有时，一听到父母吵架，我就逃到《阿奇漫画》的世界里。我梦想在神话般的里弗代尔长大，那里所有的父母都不会离婚，那里我只需要关心在贝蒂和维罗妮卡[①]之间选择谁。

---

① 均为漫画人物。

那段时间，我读书开始上瘾，成年后依然保持着阅读的习惯。寄情书丛是让自己忘掉父母婚姻中黑色剧情的一种方法。很快我就不满足于看《阿奇漫画》了。我十岁之前，就已经知道如何进入纳尼亚的世界，看着《小尼古拉斯》的故事发笑，发现勒吉恩的巫术岛，并在《世界冠军丹尼》中和丹尼一起偷野鸡。只要有时间，我就如饥似渴地阅读。

13岁时，我告诉妈妈我想读些成人书籍，她给我拿来玛格丽特·米切尔的《飘》。父亲离开政坛的那年夏天，他带我们兄弟三人到加斯佩半岛旅游，可我整天《飘》不离手，惹得父亲很不高兴。从那时起，我年轻时期的阅读品味开始变得不拘一格，什么文学书都读，就像一块海绵。从托尔金到汤姆·克兰西，从塞居尔夫人到吉利·库珀，从莫里斯·勒布朗笔下的亚森·罗宾到艾瑞克·范·勒斯贝德的惊悚科幻小说，我都读。祖母给我琼·奥尔的《爱拉与穴熊族》和《野马河谷》后，我就沉浸在史前时代的发现和历险中。从那以后，在朋友的鼓动下我读了不少经典科幻和魔幻小说：阿西莫夫、布莱伯利、海莱因，当然还有《银河系漫游指南》，开头那几段我至今倒背如流。这些书至今仍陪伴着我，收藏在书架上。等我的孩子长大到能够领会四次元世界、机器人三定律和沃根人诗歌的独特之处时，我就会把那些书取下来。

同很多有阅读强迫症的人一样，我开始从故事的视角来看世界。小说会时时提醒读者，你身边的每个人都是他们自己故事的主人公。这种启示会不知不觉地改变年轻人看待周围世界的方式，打开认识人性的新视角。我就受到了这种影响。

1983年，我陪同父亲赴新德里出席英联邦政府首脑会议。途中，我们经停孟加拉国，考察一座正在建造的水坝，因为加拿大援助了大坝建设的部分资金。我们与加拿大代表团一道乘车从机场前往大坝，经过孟加拉国首都达卡时，赶上交通大拥堵。达卡是亚洲最大和最拥挤的城市之一，我坐在一辆政府用车的后座，我们的车及整个车队被完全堵死在路上。周围所有人和物都必须等到交通畅通才能动。我从侧窗望出去，看到一个推着自行车、等待车队经过后过马路的老人。他脸上布满岁月留下的皱纹，满面倦容，对眼前的拥堵显得无能为力。我虽记得在我们交会时我注视他的那几秒钟，但却因为不可能知道他的身世而感到一阵莫可名状的痛楚——他从哪里来？到哪里去？他过得怎么样？他的经历、梦想和焦虑，一点一滴，都与我的一样真实和重要。我猛然意识到，他和我只是这个星球上数十亿人中的两个而已。我们每个人都应该被视作独一无二的个体，每个人都有自己的故事。

我猜想，对一个12岁的孩子来说，这种顿悟的经历并不是那么不寻常。有的人或许转瞬之间就忘记了，有的人则会意识到他们对人生的看法在最后时刻会发生改变。我属于后者。这次南亚之旅及陪伴父亲的其他美好旅行，都给我留下了太多历久弥新的记忆，但那一瞬间，即目睹我这样一个童年成长环境优越的人和那位推着生锈自行车（也许是他最值钱的东西）的老人之间那道既窄又深的鸿沟的那一刻，深深印在我的记忆中。此前，我从未用这样的方式来审视我的生活和人生境遇。

这一时期，我意识到我与萨沙在个人性格方面的差别日渐扩大。无论是当时还是现在，弟弟萨沙一直都是父亲忠实的精神信徒——一个几乎不读小说的人，除非作者恰巧是著名的法国哲学家。父亲甚至看不起像托尔金的《指环王》这样的现代经典。用他的话说，这些书“够不上真正的文学”。大仲马的著作和阿瑟·柯南道尔的侦探小说是他推荐我读的最接近流行小说的作品。有一次，他嗔怪我不该读埃德加·赖斯·巴勒斯的“泰山”系列小说，我立刻抗议，说这是经典。他却不屑地说，是经典“垃圾”。

也许这是种反抗，反正我不能接受父亲对文学的看法。在我十几岁的头脑里，很难理解竟然有人对斯蒂芬·金的小说不着迷。萨沙和父亲不接受我的看法。在他们看来，《末日逼近》、《丽塔·海华丝与肖申克监狱的救赎》这样的书不过是人家编出来的故事而已。萨沙过生日时，他向父母要的书都是百科全书和地图册。我们当时谁能猜到他会成为一名纪录片制作人？

萨沙和我经常争论不同种类文学作品的价值，这让我必须向他说明我喜欢的小说究竟好在哪里。我承认百科全书能教我更多的事实，但只有伟大的故事才能让我进入另一个人的内心世界。这些故事教我感知他人的感受，让我分辨善恶，体会爱与悲伤。我阅读的书籍体裁不拘一格，但我最喜欢的是表现这样一种理念的书：任何普通人（更不用说霍比特人了）与生俱来具有做出杰出甚至英雄举动的能力。这种领悟是父母教育的某种升华，他们一直教育我不要以财以貌取人，而应尊重遇到的每一个人。

这一领悟伴我至今。真正的领袖不会用静态的眼光看待身边的人。如果你不能发现周围人的潜能，你就不可能召唤他们一起开创伟大的事业。这也就是我为什么（即使是现在）每个月都坚持从文山会海中挤出些时间读一两本小说的原因。事实是一个领导人进行理性思考的食粮，而文学则是灵魂的食粮。

随着我逐渐长大，母亲的精神健康状况也在不断恶化。我曾不止一次对自己说，应该是我照顾她，而不是她照顾我。

有一天，母亲来到学校找我。她搬出去住已有几年，正和一个叫吉米的不错的男人相处。我当时正在上体操课，她说她必须见我，需要跟我说话，我“必须”听她说。在学校的走廊里，她一把抓住我的肩膀，泪流满面地说：“吉米离开我了！他走了！他甚至把他的电视机都带走了！”

我尽量安慰她，一边轻拍着她的背、拥抱她，一边说没事的，会慢慢好起来的。当时我11岁。

这些都是痛苦的回忆。我像其他小孩一样爱自己的母亲。看到她身处痛苦之中，我也极为悲伤。但这对我也是一种启发，让我认识到，母亲同天下父母一样，也会犯错，成年人并不完美。我们内心深处很多方面也会很幼稚。我们年幼时经历过的恐惧可能随着年龄增长和逐步成熟而被克服，但这些难言之隐就像密室里的骷髅，挥之不去。母亲病情最严重的时候，她的恐惧和噩梦在很多方面就像小孩子的恐惧和噩梦。我不认为她与同龄的成年人有太大区别，只是因为她的病打开了那些本来紧闭的密室的门，密室里的骷髅跑出来在她的脑海里任意游走。

父母之间还有一处鲜明的反差。母亲的难题是如何处理情感问题，我也受到她的影响。父亲处事则很少感情用事，他也一直鼓励我像他那样。父亲的方式绝对理性。这也是他解决自身问题的基础——以理性的方式反复思考。有一次，他给了我一本艾丽丝·米勒的经典之作《天才少年的悲剧：寻找真实的自我》。

也许你对这本书并不熟悉。它主要是告诉读者，少年儿童如何通过特殊办法来适应自己的情感痛苦。受这本书的启发，我也试图用我的方式来处理父母的离异，包括好好表现自己，做个乖儿子，想方设法争取他们的夸奖和赞许等来取悦他们，希望这样做他们的关系会好起来。当然，这些都无济于事。

在八卦小报记者的笔下，母亲为了让自己的生活变为无尽的聚会，抛弃了萨沙、米歇尔和我。实际情况远不是这么简单。母亲从未在我们的生活中彻底消失；相反，她在很长时间内一直在我们的世界中进进出出。她经常在萨塞克斯路 24 号过夜，就睡在她过去的缝纫间里。

我们母子之间关系很亲密，我非常感谢她待我的特殊方式——并非因为我是长子，而是因为她觉得我继承了她的个性，包括热衷探险，随性，能与身边的人进行情感沟通。

每当我得知母亲要来萨塞克斯路 24 号时，我都难掩兴奋，都会马上准备迎接她的到来。有一次，我还选择用音乐的方式欢迎她。

那时有人送了我一部小唱片机，我喜欢用它来播放当时的流行歌曲——“当时”是指 20 世纪 80 年代初——金·卡恩斯的《贝特·戴维斯的眼睛》、霍尔与奥兹的《第三只眼》、裘斯·牛顿的《心灵王后》、朱尼乐队浪漫的民谣《张开双臂》。（不要笑：那张 1982 年的滚石音乐唱片可以说是我当时拥有的唯一一张非儿童音乐唱片。但我承认，拉菲的歌更适合我的年龄。）我曾听母亲说过，她特别喜欢朱尼乐队的歌，所以我决定把这首歌作为她走进萨塞克斯路 24 号时的背景音乐，她也好长时间没来了。

我把小唱片机调到要播放给她听的音乐，放在楼上我的房间里，等着她开大众“兔子”轿车到来。当她推开门走进房间时，我调高音量，跑到楼梯顶，朝她大喊：“快听，妈妈！这是我们的歌！”

她的反应是高兴地盯着我，但又有些茫然，因为她根本听不到音乐。唱片机的音量大概只有现在手机音量的一半。我记得我当时非常沮丧，因为我特别想给我们全家人待在一起的每时每刻增添些魔术般的惊喜。

母亲也喜欢时不时给我们带来些惊喜，而且每次效果都相当好。每次去纽约，她都会在第五大道的史瓦兹玩具店给我们兄弟三个买些好玩的玩具。1981 年 7 月，她还带我去伦敦参加查尔斯王子和戴安娜王妃的结婚大典。我们住在她妹妹，也就是我小姨贝特西和她丈夫在伦敦的公寓里。从某种意义上讲，那次经历非常特别。

那天晚上贝特西和罗宾带我去海德公园在人山人海中观看焰火。母亲去参加了一个名人聚会。第二天她对我说起聚会上都有哪些名流：有主演《超人》系列电影的演员克里斯托弗 · 里夫、蒙提 · 派森剧团的成员，和我印象最深的罗宾 · 威廉姆斯。

“噢，你也会很喜欢那个聚会的，”她轻快地说，接着又补充道，“我要是带上你就好了。”她这么一句不经意的道歉，几乎让我在整个青年时代都念念不忘。如果母亲记得带上我，我就可以见到欧克星球的莫克先生[①]了。

---

① 罗宾 · 威廉姆斯扮演的电影角色。

最终，母亲找到了自己的安乐窝：渥太华维多利亚街上的一座普通的红砖房子，一个可以真正算作是属于她自己的地方。这座房子的首付款是她用第一本书《超越理智》的版税支付的。萨沙、米歇尔和我周末会去那儿陪她，有时也会住上个把星期。这里虽不及萨塞克斯路24号华丽，但也没有官邸的条条框框。母亲变得活泼起来，尽情展示她个性中所有的最佳品质、聪明才智和创造力。母亲邀请父亲来这里看房时，父亲也承认母亲找到了适合她的环境。走进房子四下看了以后，父亲脱口而出的第一句话就是："玛格丽特，你有了一个……家。"那是父母间少有的能够真正相互理解的一个瞬间。

所有离婚都会造成伤害，孩子无法幸免。我父母都知道这个道理。值得赞扬的是，他们尽了一切努力，把孩子们的痛苦和失落感降到最低。父母对我们的共同监护很宽松，他们从来没有在各自陪我们多少时间的问题上发生过争吵。所有涉及萨沙、米歇尔和我的事情，都根据我们兄弟三人的最佳利益来处理。母亲曾这样形容她与父亲的关系："作为夫妻我们不和谐，但作为父母我们合作完美。"

由于他们的努力，无论我们兄弟几个待在哪一方的家里，都从来没感觉想家。我想提醒的是，我们对"家"的定义就是我们在哪儿，哪儿就是家。我们三兄弟形影不离，互相做伴。这样的环境，加上父母总是努力把一切安排妥当，我们在成长中没有遭受太多离婚可能给孩子带来的情感创伤。我对此一直心怀感激。

后来，母亲开始与房地产开发商弗里德·肯帕谈恋爱，二人于1984年结婚。同年，父亲退出政坛，我们搬家到蒙特利尔。母亲和弗里德举办婚礼的那天，在前往法院举行仪式的路上收到了父亲派司机送去的一大束鲜花，母亲对父亲的这一举动十分赞赏。

（到法院举行仪式是我父亲的要求：他不希望母亲在教堂再婚。具有讽刺意味的是，尽管父亲20世纪60年代就促成了加拿大现代离婚法律的制定，但他个人却信奉“凡天主所结合的，人不可拆散”。多年后，他因没能够给在蒙特利尔生活的儿子提供一份母性关爱，向我道过一次歉。他就是觉得绝对不能再婚。当然，我请他放心，说他如再婚对我们没有任何影响。通过这件事他给我上了一课，让我体会到个人信仰和公共责任之间的不同之处。这一课指引着我日后形成了自己关于如何当好领导的理念。）

母亲和弗里德有两个孩子，凯尔和艾丽西亚。在他们成长的过程中，我们特鲁多三兄弟扮演着兄长的角色，我们在母亲维多利亚街的红砖小屋里度过了无比快乐的时光，在肯帕家族位于纽伯勒湖畔的乡间别墅度过的时光尤其欢乐，感觉人生就像水边举行的一次无尽的聚会。我们沿湖边游泳，挤在篝火旁唱歌，举着手电筒在森林里捉迷藏。作为最大的孩子，我担任露营顾问的角色，一边组织活动，一边盯着每个人，特别是当他们在水里的时候。

虽然只是非正式地担任孩子王，但毕竟是我第一次尝到当领导的滋味，也是第一次体验到将知识和技能传授给别人的巨大满足感。我对教书的兴趣，以及一定程度上，对政治的兴趣，就始于那些非常快乐、阳光和难忘的日子。

巧的是，弗里德和父亲一样也很喜欢户外运动，他比父亲年轻，与追求快乐的母亲个性更为合拍。父亲会带我们长途划独木舟，教我们“J”字形划桨的方法，并督促我们练习，直到学会为止。弗里德有一辆雪佛兰埃尔·卡米诺，既是跑车又是皮卡。就像有人说的，这种车，你可以周末开着去露天影院浪漫约会，周一又可以拉上货去上班。父亲肯定不会喜欢这样的车，但这却是我开的第一辆车。我 15 岁时开着它在弗里德乡间别墅附近的乡间路上兜风。弗里德有一艘快艇，可惜不是独木舟；还有一把猎枪，专用来对付豪猪或花园周围其他的有害动物。

这两个男人之间的差异对我们不算是“祸”，或许应该算是“福”。他们的个性和生活方式截然相反，所以他们之间没有任何竞争。在母亲和弗里德家时，我们兄弟几个可以放松地看电视、打游戏，沉迷于父亲不喜欢的各种活动。在乡间别墅或维多利亚街小屋中的生活与在萨塞克斯路 24 号的生活完全不同，但都同样精彩。我们与邻居家的小孩在屋旁小路上玩，挤在一间屋里，在双层床上休息。我们虽想念父亲，但却不怀念总理官邸的大卧室和其他便利设施。上学的日子，早上校车来接我们，我们与其他小孩一起挤上车。我很享受在母亲那儿住的每时每刻，特别喜欢坐吵吵闹闹的校车。一切如常——只要你不从后窗去看那些紧跟着的皇家骑警安保人员。

我现在仍很怀念那段岁月。回过头看，我感觉其实我那时心里也有气。毕竟，离婚家庭的大部分孩子生气的时候多些。我们当时对母亲正在经历的一切没有清晰的认知。我也无法理解“躁狂”和“抑郁”这两个词的含义，甚至我家里很多成年人也搞不清楚母亲当时的状况。外婆辛克莱不准女儿寻求心理咨询，因为她认为“他们总会归咎于病人的母亲”。让我生气的是，无论我多努力，好像都不能让母亲亲近我，让她开心。

近些年来，母亲开始意识到自己心理健康方面的问题，我俩之间的关系也因为她当了我孩子慈祥的奶奶而变得更紧密、更亲密了。我们一起聊天，欢笑，吃饭。我周末会带着家人去她蒙特利尔的公寓看望她，她也会来渥太华看我们。这种关系是我一直想要的。我无法修复童年时代的那些阴差阳错，但在陪伴我世上唯一的母亲这件事上，晚些开始总比不开始好。

实际情况是，我母亲的确曾病得不轻。如果她得的是身体上的病，所有人，包括她的亲戚朋友，都会更加同情她，更加理解她的病况。但在她罹患严重的心理疾病时，往好了说，人们对心理疾病知之甚少；往坏了说，这种疾患受人诟病，被视为羞耻。

这种状况已发生变化，但变化还不够大，不够快。例如，当我的政治对手说，我更像是“母亲的”儿子，而不像是“父亲的”儿子时，我很清楚他们想干什么。他们的所作所为恰恰迎合了对精神疾病的陈旧误解和偏见。同所有人一样，我以不同方式继承了父母双方的特点，而且我为他们俩感到无比骄傲。我听过不少善良的人讲述父亲如何感动或激发他们的故事。最近，越来越多的人找到我，同我说起母亲是如何感动或激发他们的故事。我知道，母亲的努力使更多人能正确对待自己、亲人、朋友或同事的精神疾病。我母亲为争取精神疾病患者能获得比她当年更多的理解做了大量的工作。当然，我们在这方面仍有很长的路要走。

第二章

在蒙特利尔长大

我的幼年在渥太华度过，但我是在蒙特利尔长大的。1984年，爸爸带着我们兄弟离开首都渥太华。这一年家里发生了很多变化。新的自由党领袖刚一选出，父亲就决定退出政坛，那天他一个人在雪地里走了好久。我只好离开玩伴和熟悉的环境，陪爸爸搬到新的城市。母亲当时正怀着弟弟凯尔，11 月就要分娩，所以留在了渥太华。

这个时期“魁北克主权运动”活动频繁，人们的心头同时萦绕着决心与失望。几年前，魁北克人党发动的独立公投遭遇重挫，党领袖勒内·勒维克承认独立公投失败的同时，呼吁主权运动支持者不要气馁，等待下一次独立公投。这说明，魁北克独立的问题仍然悬而未决。一年后，魁北克人党在省议会选举中赢得了更多大众选票，蝉联执政党，并重申有关主权的辩论仍在继续。1982 年，我父亲成功推出《加拿大宪法》，但勒维克先生认为这是一次纳粹式的“长剑之夜”行动，因而拒绝接受新宪法，并宣称其他省和特鲁多总理都背叛了魁省。实际上，谁都没背叛勒维克先生，而是时势所趋。当然，这并不是本书所要详述的内容。与此同时，大批母语为英语的人陆续离开魁省。语言权利一直是各党激烈争论的焦点。

渥太华充斥着诸如此类的问题和激辩，但父亲的价值观和理想信念，我们耳濡目染，对我们影响最大。我们现在要搬到蒙特利尔，搬到父亲的新家，我们对这个新地方充满好奇。日常生活中，我和家人讲话会同时使用英、法两种语言，但与父亲交谈时我几乎只用法语。在渥太华生活期间，我就可以流利地切换英语和法语。凭借自己的语言基础，我进入让·德·布雷伯夫学校学习。该校是父亲的母校，以学术成就闻名。就这样，我在政治动乱中安顿下来。新环境对我的学习和语言能力提出了新要求，学校师生中涌动着语言文化的激流，我得以从全新的视角观察事物。

爸爸总爱和我讲他当选总理不久后在渥太华举办毕业 30 周年聚会的事情。那时正值“特鲁多狂热”的鼎盛时期。父亲在总理官邸门口迎接每一位老师和同学，他脸上洋溢着大获全胜和发自内心的骄傲，神采奕奕地注视着每一位来宾。在客人中父亲发现了曾教过自己理科的一位教授，这位消瘦的老耶稣会信徒已接近教书生涯的暮年。教授走到父亲跟前，上下打量了一番，然后郑重其事地说:“特鲁多，我仍然认为，如果你搞物理成就会更大。”

布雷伯夫学校就是这样，永远把学术放在第一位，政治和其他排在后面。上世纪 30 年代，学院评判学生学习“经典课程”好坏的唯一标准就是看他们在班级内的排名。你是第一、第十，还是第十三？如果你想在人生中获得成功的机会，就必须成绩拔尖。我 13 岁入学的时候，这种风气虽已有所减弱，但家长们还是希望自己的儿子（当时学校高年级才招收女生）能够在这里接受严格的古典式教育。站在学校主楼前，你就能感觉到这所学校是个讲求严肃认真做事的地方。高耸的古希腊爱奥尼石柱和简约的古典建筑使布雷伯夫看起来更像法院。正门上方的巨大石十字架表明这是所教会学校，但我入学两年后学校就变成了一所世俗学校。

我入学考试成绩不错。事实上，优异的成绩使一些学校官员甚至预测我的学业可与当年在这里就读的父亲旗鼓相当，再创传奇。可惜事实证明他们的预测大错特错。我面临的第一个问题就是读初中一年级还是二年级，这两个年级相当于英式教育体系中的七年级和八年级。考虑到我的年龄及安大略和魁北克两省教育体系的差异，决定上哪个年级还真是件难事。

尽管父亲担心我可能会觉得初一课程无聊，但我还是坚持从初一学起，原因有二。第一，我可以学习拉丁语，这门课初二不开。很多人觉得拉丁语没意思，但我认为拉丁语是历史与冒险的象征。由于父亲有在布雷伯夫学习的经历，他年少时就能说一口流利的拉丁语。凭借语言优势，父亲在上世纪40年代进行过一次史诗般的背包旅行，游览了世界的偏远角落。在中东和东南亚的时候，他用拉丁语与当地天主教堂的神父交流，了解该去哪里食宿。

第二个原因更重要。如果从初一开始学起，我能更好地融入新环境，到初二再建立自己的社交和朋友圈。此外，我也不急于立即进入初二那种令人生畏的学术氛围，特别是我还姓特鲁多。就这样，我开始了初一的学习生活。这也是我和弟弟萨沙整整相差两岁却只隔着一个年级的原因。

初到布雷伯夫学校的几周，同学们问了我好多奇怪的问题。他们的问题让我意识到自己对魁北克俚语一窍不通。我是在安大略省的法语环境中长大的，在家里也一直说很标准的法语，所以魁省俚语我根本听不懂。他们问我的第一个问题是“你是学霸吗？”他们说的“学霸”是魁北克俚语。也有的同学听我讲英语没有口音，就说我是“那小子”，对此我只是耸耸肩，并没意识到他们话里话外带着侮辱。一连几天，他们都嘲弄我，而我也一直没什么反应。我开始怀疑他们是不是以为，我对他们的侮辱无动于衷或干脆用沉默的方式来嘲笑他们。但事实上，我对他们侮辱和骂人的言语基本就没听懂，更不知该如何回应他们。

我现在终于明白，尽管蒙特利尔到渥太华的车程不到两小时，但这两个城市间的文化差异却接近一光年。

让布雷伯夫的学生不满的问题，同我在渥太华生活时家人所关注的问题如出一辙。我周围的人每天都为这些问题所困扰，而我是第一次与这些人相处，花了好一段时间才完全理解他们为何会持这样的态度。

有时候学校也会发生人身攻击事件。因为父母不住在一起，八卦小报常常拿这件事做文章，学校也有些学生用污言秽语对此大肆渲染，故意惹我生气。在渥太华，我从来没受过这样的委屈，因为周围的朋友都是从幼儿园起就认识了，相互比较了解。当然也因为当时大家都是小学生，不像大孩子那么残酷和庸俗。有些初中的孩子总认为任何东西、任何人都可以成为自己的“猎物”。记得有一天，一个大孩子塞给我一张母亲在某成人杂志上的不雅照片。

我当时真不敢相信自己的眼睛，因为我之前从没见过那张照片，也根本不知道它的存在。看到照片时，我差点没晕过去。但我非常清楚，如果我当时表现得太过震惊或伤心，这件事肯定会立刻传遍全校，所有人都会知道我很容易因为八卦消息而发怒。因此，我摆了摆手就走开了，他只好悻悻离开，另寻欺凌对象去了。

在让·德·布雷伯夫学校，我学会了在面对人身攻击时绝不感情用事，让那些故意挑事的人无机可乘。还真别说，这种应对方式多年来屡试不爽，对我十分有益。

大多数加拿大家长一想到私立学校，就会联想到小班上课和精通最新教学方法、精心照看学生的师资，但布雷伯夫并不是这样。我们一个班有36人，课桌横竖各6排。最常见的教学方法是“圣贤授书”模式，也就是老师在上面讲，我们在下面记。

我上中学时还没发生近年来席卷整个教育领域的“自尊运动”，这场运动旨在大力帮助学生树立自我认同感。不过，这种运动不会发生在布雷伯夫，学校有几名老师似乎就是想要煞煞我们的威风。我读高一时，我们的法语老师戴尼奥总是抱怨现在的学生没有文化，而文化就像果酱，你拥有的量越少，在涂的时候就需要摊得越薄。

戴尼奥的授课难度远超标准课程的水平，里面吸收了13部高水平优秀文学经典的精华，其中包括《大卫·科波菲尔》、《伊利亚特》、《奥德赛》、《悲惨世界》和《堂吉诃德》等。第一周上课时，他就朝我们大喊：“塞莫皮莱是谁？快点！谁能告诉我，我打赌你们什么都不知道！”我小心地看了一下全班，发现同学都忐忑地盯着桌子、地板或者其他东西，反正没人敢看老师。我轻叹了口气，看来这个问题只能我来回答了。我慢慢举起了手。

我答到：“塞莫皮莱不是一个人名，它是一座山隘的名字。斯巴达国王莱奥尼达斯和他的300名士兵在那里挡住了波斯大军的进犯。”戴尼奥点了点头，但接着又噘起嘴继续朝我们咆哮。那天，我从他那里勉强得到一点表扬。这对其他同学也许不太公平，因为我很小的时候父亲就开始让我们学习古典文学，所以才有了些这方面的知识。

多年之后我在不列颠哥伦比亚省教书时，曾回到布雷伯夫看望以前的老师，其中也包括戴尼奥。我和他聊得不错，其间谈到他职业生涯末期教学风格的转变，从他擅长和强加给学生的那种呆板、书本式、教师主导型的教学方式，转变为更为现代、以学生为中心的教学方式。我在西海岸接受教师培训时，就接触过这种新型的教学方式。说来也奇怪，我竟然一反常态地安慰戴尼奥，感谢他严要求、高标准的教学方法，称赞他是我遇到过的最好的老师，而且我也正努力将他那种严格要求的教学方法运用到自己的教学实践中，尽管我所处的教学环境与布雷伯夫的有所不同。

虽说我的古典文学知识比较扎实，但我还是在戴尼奥老师的期末考试中栽了个跟头。他要求每个学生随机选择一张卡片来决定考哪本书，我抽中了《鲁滨逊飘流记》。我当时觉得这是小菜一碟，因为我很早以前就读过笛福的这部小说，没必要再读一遍。结果可想而知，戴尼奥尖锐的问题将我的懒惰暴露无遗，好在我最后还是勉强过了关。

进入高年级后，我们会选择文科或理科课程。虽然我曾考虑过从预科直接进入大学法学院这条路，但是我还想保留更多的选择权，所以我同时选修了历史和物理，这两门课一起读是很少见的。我对物理尤为着迷，有关能量和物质的概念以及这些要素间的互相作用等内容至今仍深深吸引着我。

在布雷伯夫，我们的一些作业内容与时政紧密相关。有一个学期我们就魁北克省的未来举行辩论，辩论双方分别为独立派和联邦派。老师觉得把我安排在主张独立的一方会使辩论更热闹，而联邦派的代表则是主张独立的克里斯蒂安，他是我们班里最聪明的学生，是个坚定的魁北克人党支持者。我把以前听过的分离主义观点拼凑成自己的论点，但我十分清楚与自己的信仰唱反调绝非易事。我当时尽了力，但辩论最终的益处在于它让我明白了一个道理：如果心思不在，任何论点都会苍白无力，而我从心底里就拥护加拿大的统一。

在课堂辩论中，支持魁北克主权的一方认为只有实现独立才能激发魁省的发展潜能，保障魁省应有的地位与尊严。父亲任加拿大总理15年，他是一名自豪的、以法语为母语的魁北克人，我们的时任总理布莱恩·马尔罗尼也是魁省人。想到这些，我不禁觉得魁省人被人欺骗了。我认为，做一个骄傲的加拿大人和做一个自豪的魁省人并不矛盾。事实上，我看到的都是魁北克脱离加拿大后将面临的损失。说法语的人不只生活在魁北克，在新不伦瑞克省、安大略省北部、曼尼托巴省南部以及全国其他地区的数百个社区，还有超过100万说法语的加拿大人。从经济角度看，分离加拿大的主张也站不住脚，世界正走向贸易更自由和边境更开放，独立能使魁省得到什么利益？什么都得不到！在我看来，主张魁北克主权的论点整体上毫无说服力。

说到底，从保护法语及其文化的角度来看，我认为应通过开放、共享和传播来增强认同感，而不是建造高墙，固步自封。

可惜这样的逻辑在这并不适用。毕竟当时是20世纪80年代，魁省年轻人将宣扬分离主义当成一种时尚，而且赞许这种时尚的还不只是学生。布雷伯夫学校的大部分教职人员都属独立派。由于有教师的身份，他们不能向我们灌输任何特定的意识形态，但历史老师安德烈·尚帕涅是个例外。尚帕涅把列宁的半身雕像放在室内一角，整日歌颂苏联。但你如果深入分析一下他的观点，会发现他只是单纯地想和班级里那些主张资本主义的学生唱反调而已。他的目的是刺激我们，促使我们去重新审视和证明那些在资本主义世界中已经司空见惯的事情。

尚帕涅老师和布雷伯夫的其他老师一样，一直坚持学校推崇的死板教学风格，但有时候他也会和学生围绕某个观点进行激烈辩论。如果我们上课打盹，他会善意地朝我们扔橡皮。我当上老师后也用这种方法来提醒那些上课打盹的学生。安德烈·尚帕涅老师未能说服我成为社会主义者，但他与学生“唱反调”的教学方式让我大开眼界，并影响了我任教后的教学风格。

在布雷伯夫求学期间，我开始用另一种方式去思考语言的问题。对魁北克主权运动的支持者而言，语言既是沟通媒介，也是重大的政治问题。你的母语可能是英语，也可能是法语，这两种背景会使你拥有不同的文化价值观，甚至对魁省的未来也有不同看法。我此前一直没想过到底哪种语言是自己的母语，因为我在渥太华的双语环境中长大，在那里似乎不需要做这样的区别。

但在布雷伯夫学校，在魁北克，我总是需要根据与我谈话的对象和所讨论的问题来选择使用哪种语言。我开始注意自己在思考和做梦时所使用的语言。这些词是法语吗？我该用英语说这句话吗？以前我没有这种意识，两种语言总是随便用，现在我说话时则谨慎得多。

我是班里英语课的尖子生，那些父母中至少有一位会说地道英语的学生表现也不错。其他学生因此将我们视作英裔，尽管我们的法语也很流利，或父母一方也有法裔背景。在布雷伯夫，只要你英语说得好、没口音，其他学生就会把你看作英裔。

我和那些双语学生很亲近，与他们中的很多人还成了朋友。很快他们便不再顾及我的姓氏，直接叫我贾斯廷。几十年后，这些朋友仍教我最真实、最质朴的道理。他们是我可以百分之百信赖的朋友，我们每个人都该有这样的朋友。

17 岁那年，我和朋友们去蒙特利尔市中心的一家高档餐厅吃了顿大餐。就像所有 17 岁的男孩子一样，这次聚餐是为了吸引女孩子的注意。我煞有介事地向服务员点了份覆盆子果醋香煎鸭胸[①]。直到今日，他们还会提起这件趣事，要我“当心脑袋里面那只鸭子”，以此提醒我时刻审视自己，不要忘乎所以。这些年来，不论我作为学生、老师、滑雪教练还是政党领袖，这些好友始终待我如初。在他们面前，我一直且永远是贾斯廷。

我热爱英、法两种语言，但现在我意识到它们之间有很大的不同。两种语言不仅能影响人们表达思想的方式，甚至能引导思想的创造过程。比如，法语语法要求严格，你在说或者写一个句子前就该知道怎样结束这句话。你的句子以什么形式开始，就该以什么形式结束。这就是为什么你有时在电视上看到一些法国学者本来是向普通百姓讲话，但听上去却像是在与哲人交谈。

但是就英语来说，一句话怎样开始与怎样结束毫无关系。即便一句话已经说到一半，你也可以任意改变想法，而不破坏太多语法规则。在标准的法语中，你需要格外注意词与词和句与句之

① 法国高档菜，以制作时间长、工序繁琐著称。

间的前后照应和一致，英语的那种随意性是绝对不存在的。或许这就是为什么父亲一直说我的英语没有我的法语听起来有说服力的原因吧。多年后，我在参加麦吉尔大学辩论协会举办的法语辩论赛时又想起了父亲的话。我的队友都说我用法语辩论比用英语更令人生畏，他们的话对我这个英裔小子来说算是一种略带讽刺的褒奖吧。

和许多讲双语的人一样，我从一种语言切换到另一种语言看似很随意。比方说，我做数学题时只用法语思考，那是因为从小到大我的数学课都是用法语教的。在西部地区教法语时，我为了让温哥华的学生对这种他们日常生活中根本用不到的语言感兴趣，常会向他们介绍法语的浪漫之处。比如当你想表达对某人的思念时，你可以说“你在我心上”（“Tu me manques”）。在这句话中，“你”是主语。但如果用英语表达这句话，则是“我想你”（“I miss you”），主语变成了“我”。尽管两句话差别不大，但那些荷尔蒙分泌旺盛的少年肯定能明白其中的奥妙。

虽然对爱的语言理论讲得头头是道，但我在布雷伯夫却没找到女朋友。我在恋爱方面很晚熟。

我刚进入青春期就搬到了蒙特利尔，我在那儿上的是男校，所以根本不认识女生。我进入高年级后认识了一些女生，但这些16岁的女孩对我那种只能哄10岁女孩的社交能力根本看不上眼。

布雷伯夫在高二之前只招男生，高二后才招女生。因此几乎一夜之间，140个男生组成的班级一下子多了60个女生。这个政策刚实行的时候，我们都觉得这么做很好、很进步。但仔细想想，我觉得这更像是学者们搞的社会学实验，目的是了解青少年的生活习惯和他们与同龄人交往的方式。

我至今仍记得一个叫热纳维耶芙的女孩。我第一次见到她是在渥太华短暂就读克洛岱尔法语中学的时候，我们那时便成了朋友。尽管她不是我的女朋友，但确实是个不错的异性朋友。我们再见面是四年后，尽管只过了四年，但从12岁到16岁这四年却是我们走向成熟和个性发展最重要的时期。我走向她时，紧张得根本说不出话。交流的结果是：我根本没戏。人家对我根本没印象，至少是没有什么好印象。

我意识到自己需要以一种独特的方式在这个全新、不确定的环境中建立自己的社会身份，从而脱颖而出，不随波逐流，不人云亦云。为此，我穿上鲜艳的绿色背带牛仔裤，打上粉红色领带，但这么做一点都不好。我原想表现得特立独行，可未能如愿。我曾一度热衷于装呆卖萌式的表演，有时会带几个杂耍球或是一套魔术道具，甚至给朋友们表演骑独轮车（没错，我有独轮车）。当时我认为这很酷，但现在想想这种把戏实在是太差劲了。

后来我长了可怕的青春痘，父亲少年时也有类似经历。短短几个月，粉刺从形成到越来越多，再到后来一发不可收拾。皮肤状况越来越差，医生给我开了一种治疗青春痘的强效药。父亲一直以来性格要强，连阿司匹林都不吃，自然也反对我吃药。父母为此还吵了一架，好在最后母亲赢了。两个疗程后，我的青春痘消了。

如果现在有人说我长得不错，我会感谢人家能说这样的话，但我还是隐约觉得别人仅仅是出于礼貌才这么说。这是少年时在布雷伯夫留下的习惯。我想，对少年时曾为自己的长相苦恼的人而言，这种情况相当普遍。

在学校招收女生以前，布雷伯夫最受尊重的学生是那些体育或学习尖子，冰球队队长和班上最聪明的孩子地位都很高。但女生来了之后，游戏规则就变了，好成绩不算数了，只有体育突出、擅长社交以及幽默诙谐才是最被看重的能力。那些以成绩见长的学生只能靠边站。

伴随这种地位变化而来的是男生们开始形成不同的小团体，有人加入象棋俱乐部，有人专攻冰球，有人整日研究旅行。我则是和那些说双语的学生们聚在一起，我刚上中学时就认识他们了。以我的素质也可以加入其他团体。我体育不错，可以跟运动高手在场下混一混。我脑子好使，可以“客串”一把“学霸”。我的旅行经历让自己跟那些常飞到欧洲去玩的学生也谈得来。但我与自己核心朋友圈的马克·米勒、伊恩·雷、马修·沃克、格雷格·瓦永、阿兰·史蒂夫曼、纳维德·勒让德尔等人，从入学布雷伯夫的第一年起就始终没分开过。

我们的小圈子集合了几个性格相投的人，没有谁是真正的领袖。但我常会安排一些活动，比如组成合唱队参加布雷伯夫才艺比赛，或者带大家去废弃的大楼里探险，有一次我甚至带大家跑到渥太华的下水道里。我们每个人都很强，我逐渐认识到，哪怕只是短时间担任领导，也需要你有能力和思想，权力是不会自己送上门来的。

我们的许多社交活动都是在马修·沃克的家里举办的，他家位于蒙特利尔中上层人士聚居的马洛大道。马修的父母似乎从不介意家里有一群孩子在闹腾。他家的厨房备满了垃圾食品，对我们充满诱惑（讽刺的是，马修现在成了一名心脏病学家）。之后的几年，马修家成了我们探索蒙特利尔夜生活的“前哨站”。

我有时也会邀请这帮朋友到我家做客，但父亲对此不太鼓励。对我的朋友来说也没有太大的吸引力。我家在松树大街，房子依山而建，建筑高大、简约，室内装修属装饰艺术派风格。我家的正门开在建筑顶层。顶层下面是父亲住的专属楼层，除了他谁都不能进去。这层有他的卧室、书房和图书室，长长的走廊里挂满了他与世界各国领导人的合影以及各种纪念品。我们住在父亲楼下，再下面是地下室，地下通道可直通附楼的游泳池。父亲强行规定了每层必须使用的语言，比如顶层只能讲法语，这使得我们家的氛围让年轻人感觉很不自在。如果他听到我和朋友在顶层的厨房或客厅讲英语，那就等着挨训吧。我对生活中这些强制性的条条框框习以为常，但我的朋友却觉得这些规矩太奇怪了。

在我们这层楼，萨沙、米歇尔和我有单独的卧室和娱乐室。这层总是充满欢声笑语、大声玩闹，甚至激烈争吵。男孩就应该有男孩的样子嘛。虽然我们三人逐渐长大，成为性格不同的成人，但我们的关系一直亲密无间。我们还都是十几岁的孩子时就相互扶持。我们家的娱乐室着实让我的朋友们感到惊奇，里面摆满了矮矮的长沙发和摔跤垫。父亲买摔跤垫是为了让我们玩格斗游戏，我们从小学习柔道，所以经常会玩一些擒拿之类的游戏，有时我们也拿棍子或木头刀剑之类的玩具玩耍。我们在玩耍方面没有什么约束，但不能打脸，不能咬人，如果有人受伤就必须停止游戏。朋友们第一次看到我们摔跤的时候，都惊讶于我们居然玩得如此激烈。我跟他们说，很明显，到了这个年龄段，我们三兄弟都形成了各自不同甚至有时相互冲突的性格，我们在幼儿园有时会遭受不公正待遇，摔跤是我们进行发泄的方式。

有时候我们兄弟三个吵起来会一发不可收拾。记得有一次我开父亲的沃尔沃带他们俩去母亲在纽伯勒湖的别墅。我那时大概18岁，萨沙16岁，米歇尔14岁。路上我们为到底由谁控制汽车窗户莫名其妙地吵了起来，也就十几岁的小孩子会为这种事吵架。我们越吵越激烈，最后我把车停在路边，下车后我们几个扭打起来。他们两个合伙把我压在地上，嘴里满是怨言和脏话，但最终我们几个冷静了下来，回到车上继续行驶，一路没再相互较劲。

我们回到蒙特利尔后，父亲知道了这件事，他严肃警告我们说:“今后无论发生什么，你们三个都要团结一致。”他不会容忍这种事再发生。为了他，我们再也没干过路边打架这种事。

现在我有了自己的孩子，明白父母看到自己的孩子在打架有多伤心，也终于理解为什么我们兄弟间的小冲突会让父亲如此生气。

我对体育运动的终身热爱是在布雷伯夫养成的。我打冰球，参加过橄榄球队的选拔赛，甚至还在体操队待过一段时间。同全加拿大一样，冰球在布雷伯夫也是最受追捧的。大家可能认为，我父亲是加拿大户外运动的代表，他一定在我们上幼儿园时就让我戴上护具、拿上球杆上冰场，但事实并非如此。一开始，父亲就强调挑战自我的重要性，看看在没有别人帮你的情况下，你独自能做多少事，能坚持多久。他才不会大清早就在冰场瑟瑟发抖地看一群初学滑冰的小孩子滑来滑去。我很多朋友和他们的家人都爱打冰球，但我们家则选择了越野滑雪和高山滑雪，因为这样我们全家人可以一起在户外运动。

在父亲看来，作为一名户外运动者，遵守不变的自然规律要比听从穿着黑白条长袖衫吹哨的裁判更重要。因此我怀疑冰球和其他带有仲裁性规定的运动可能与父亲所信奉的人生哲学相抵触。我们在里多运河上学溜冰时，看不到有谁玩冰球。

当我带着自己的冰球装备到学校时，事情变得更糟了。那时，有根名牌冰球杆对高中生来说绝对是最酷的事。我本希望父亲能带我去运动用品商店买一根名牌球杆，我能不能入选学校冰球队就靠它了，尽管我球技不怎么样。但父亲却到储藏室里拿出一根怪怪的蓝色木杆，说这是几年前他对捷克斯洛伐克进行正式访问时收到的礼物，并向我保证这是一根相当不错的冰球杆，我对此半信半疑。我记不清是什么牌子的了，只记得品牌名我念不出来，品牌名字母上有各种晦涩的重音符。有一点可以肯定，这玩意儿让我酷不起来。

在学校冰球场，我觉得自己就像罗什·卡里耶的小说《冰球队服》中的主人公，只不过我不是穿错了球衣，而是拿错了球杆。我的朋友看了一眼球杆就断定我不可能入选校队。

布雷伯夫课程的严格和强度及学校的整体氛围让我受益匪浅。虽然学校提供良好的教育，但我和许多十几岁的男孩子一样都存在偏科问题。自己喜欢的科目我学得很起劲，但对自己不喜欢的科目就只是敷衍。无聊时，我就拿出本小说放在膝盖上读起来，让自己的思绪逃离乏味的教室。我一直都自信能在考试时拿到不错的分数，通常也确实如此。但我的老师们和我都清楚，我不过是在马马虎虎应付学业。

终于有一天，我的数学老师对我漫不经心做作业的方式忍无可忍，把我叫到办公室，非常严肃地和我谈了一次话。她说："贾斯廷，我看你在学校上每堂课都是在应付。你很聪明，完成学业没问题。但你现在学习不够用功。"

我默不作声。类似的谈话我听得多了。这种说教再多对我也不起作用。但她随后使出了"撒手锏"。

"你知道我在想什么吗？"她停顿一下，知道下一句话会刺痛我，"我觉得，你可能自以为有个了不起的父亲就不用好好学习了吧。"

那时我只有15岁，上初三，这还是头一次有人跟我说这种话。我知道，当我因为懒惰而被叫到办公室训话时，不少老师都是这么想的，但从没有人如此直白地指责我是凭家里的名气而在学校蒙混度日。我当时很生气，不假思索地反驳道："你别犯傻了！"

父亲常向我们灌输这样一种思想：特鲁多这个姓氏不是一种可以消费的货币，而是一枚佩在胸前的责任徽章。假如当时老师只是指责我的行为令特鲁多这个姓氏蒙羞，我可能也就默认了。我的父亲也曾经不止一次地说，他对我在布雷伯夫学业上的平庸很失望。但如果有人指责我因为父亲的缘故而希望得到特殊关照，那他就大错特错了。

然而，当我仔细回味她的话时，我愈发意识到她说得很有道理，尽管我在内心深处仍不认同她的话。我意识到，即便我没凭自己的姓氏换取好处，别人还是很自然会怀疑我确实在这样做。如果我不能努力发挥自己的全部潜能，就无法反驳她所提出的假定。

后来我从布雷伯夫毕业，接着又获得两个大学学位。这段时间，我的学习成绩时好时坏，不仅让老师们担心，也让我自己很困扰。最终我认识到，问题的根源远比青春期的一时懒惰要严重得多。当我在实验心理学故意挂科后（这门课的重点是如何完成标准化实验报告，这让我很讨厌），我开始意识到自己确实遇到非解决不可的问题了。

考试不及格不是因为我不够专心。对自己喜欢的科目，我可以全神贯注投入其中。事实上，对喜欢的科目，我学得相当专注和用功，常常成为任课教师的非正式“助教”，帮同学答疑解难。

实验心理学不及格后，父亲与我在他松树大街住宅的书房里进行了一次促膝长谈。这是一次极不寻常的谈话：我向父亲直陈了我和他完全是两种人的感觉。整个童年时期，父亲是我心目中的英雄、楷模、向导和生活指南。但当他为了教育我而展示上世纪 30 年代他在布雷伯夫取得的全优成绩单时，我意识到我俩有着本质的不同，生活态度也存在差异。

父亲为能赢得别人的赞许和肯定而感到骄傲。为了向世人展示他有多聪明，他学习勤奋，乐此不疲。相反，我以前就告诉自己，如果我努力学习，我的目标会远高于考试得高分或受到长辈和老师的赞扬。我反感百依百顺，厌恶人为安排的竞争。

但与此同时，我深知自己确实遇到了难题：我已无法摆脱完美主义的负面影响。正如同伏尔泰所言：“完美是优秀的敌人。”每当我盯着白纸准备完成作业时，我都会陷入轻微恐慌。每当我着手写论文且料定此文将不如别人的文章（更不用说和我自己的文章相比）优秀时，别人对我的预期会令我充满焦虑。这反过来在我的潜意识中形成一种防御心态：如果我在完成某项作业时没尽全力，别人就不该以作业成绩对我作出负面评价。我父亲通过不懈努力才获得巨大成就，我既然没他那么努力，那别人就不应该为我的分数无法和父亲媲美而感到惊讶。

实验心理学不及格导致我无法从预科直接进入麦吉尔大学，而预科是最优秀、最聪明的学生进入麦大的路径。我自己毁掉了进入麦大的光明大道，也许这样才可以让我自己和父亲明白并接受我永远无法达到和他一样的学术造诣的现实。这条路不适合我。

我知道自己的能力绝非一般。每次参加只许成功不许失败的标准化考试（例如布雷伯夫的入学考试）时，我的成绩都是顶尖的。我在高中最后一年参加大学入学能力测试的得分是 1400 分，位列所有考生的前 5%。这个分数足以让我进入麦大文学系，尽管我高中时的成绩时好时坏。几年后，我抱着试一试的想法参加了麦大法学院的招生考试，我答对了 98% 的题。我清楚自己很聪明，只是需要找到一条属于自己的人生道路，因此我选择学习文学。我想把自己的才智用到真正感兴趣的地方——阅读，阅读能为我提供一些时间和工具来更好地了解自己。

1991 年秋天进入麦大学习时，我社交圈的核心仍是那些在布雷伯夫结交的朋友。我在大学里也交了一些新朋友，其中有一位至今对我而言仍非常重要。

我入学才一周就遇见了乔纳森·阿布莱特，我俩小时候在渥太华就读同一所小学。我们在沙特纳大楼前的台阶上相遇，这栋楼是校园的中心，大型学生社团都位于此处。我们聊完家常后，乔纳森问我有没有在麦大多交些新朋友。我耸耸肩，告诉他我是蒙特利尔人，已经有很多朋友了，所以没打算结交新朋友。但实际上我是不知道该如何结交新朋友，也不肯定自己是否希望认识些新朋友。乔纳森向周围看了看，把站在附近的一位长发男子叫了过来。此人名叫格里·巴茨，是麦大辩论协会的副主席。25 年后的今天，格里不仅成了我最好的朋友，同时也是我担任自由党领袖时最核心的顾问。

我应格里之邀加入了辩论协会，我们很快成了朋友。接下来的一年中，我到处参加各种辩论比赛，辩论能力不断提高。辩论本身就是一种教育，让你学会思维敏捷，洞察对手的弱点，利用适当的逻辑和语言加以反击。

我也认识到，大学级别的辩论既是一种发挥机智的“单口秀”，也是辩手逻辑和修辞的较量。在我们辩论盆浴和淋浴孰优孰劣、冬天和夏天哪个更好之类的琐碎无聊的题目时，这种能力尤为重要。遇到这种话题时，最成功的辩手往往是天才喜剧演员。我过了一段时间才明白这个道理，因为我以前总觉得幽默注重的是讽刺，而不是简单地让人捧腹大笑。最终我还是掌握了辩论的窍门，同时调整了自己的辩论方式。

辩论成为我了解20世纪90年代大学校园内重大事件的窗口。麦大的出色辩手不少是追求女权主义的女性。记得我曾同她们中的一些人拼过啤酒，讨论过男性是否可以成为女权主义者。她们说，单凭定义而言，只有女性视角才能产生女权主义。我则反驳道，如果男性被排除在外，就违背了女权主义所倡导的平等主义原则。

你可能已经猜到了，许多参加辩论的女性既是麦大女性联盟的成员，也是麦大学生会反性侵中心的积极分子。我读大二时，反性侵中心开始招聘男性辅导员，我的朋友玛丽-玛格丽特·琼斯鼓励我去参加竞聘。几年前蒙特利尔理工大学发生了一起恐怖屠杀，该校离我就读的中学不远。此次事件让我开始关注妇女问题。我已对辩论开始生厌，无论什么议题，正方还是反方已无关紧要。

我更希望用自己的交流和沟通能力做些有意义的事。

反性侵中心设立了求助热线，还建立了外联小组，负责在联谊会和宿舍广泛接触学生。我是首批接受培训并加入女权活动的男性成员，我们和女性成员一道主持有关性侵和约会强奸问题的讨论。我们利用角色扮演及其他互动方式让同学以一种不同的方式思考性侵问题。用这种新视角看问题十分重要，因为许多人以为只有陌生人从树丛里突然跳出来时才会发生强奸。我们希望每个人都明白，大多数性侵施暴者与受害者是熟人。性侵不仅涉及性，更关乎女性权力。我们针对女性面对暴力和胁迫时应如何通过沟通化解危情，给女性同学提供一些建议。我们也教男性如何理解女性传递的拒绝信息，不是只有“不”才意味着拒绝。“这让我觉得不舒服”、“我们还是回到聚会吧”，同样是在表示拒绝。

在我看来，我们在反性侵中心的工作取得了初步成效，至少对学生们大有益处。麦大校方设立了一个反性侵监督专员，但人选在学生中引发了争议，我和另一名同学就此找到校长，直言我们的担忧。这件事给我上了一课，让我明白了公共机构处理敏感问题时面临的巨大阻力。校方虽感谢我们发表意见，但婉拒了我们的建议。

我在麦大读书期间，社会发生了重大转变。毫不奇怪，我个人也变化不小。我的身材不再瘦长，我对自己的外表更加自信，少年时期的不安全感一去不返。我仍和父亲住在一起，他在生活上给了我很大的自由，我整日沉浸在成年人的社交生活所带来的快乐与危机之中。

18 岁之前，我尝过的唯一含酒精的饮品是晚餐时一杯味道奇特的葡萄酒。我读高中时不喝酒，所以每次参加同学聚会，大家都指定由我开车。我说："我不喝酒也能玩得尽兴。"对此其他孩子都冲我翻白眼。但我说的是实话，而且我至今也很少喝酒。但也有几次例外，特别是我父亲去世后的那几个月。除此之外，我很少过量饮酒。有时我会喝一瓶冰镇啤酒，或者一杯红酒搭配一顿美餐，但我从来都不多喝。

即便如此，我在大学期间也经历过一段聚会不断的时期。几个朋友在离圣德尼剧院不远的埃梅里街租了间相当不错的公寓，我们在那儿办了几场令人津津乐道的聚会。记得一天晚上，我有点喝醉了，穿上印有麦吉尔大学马莱运动队（麦大多个女子运动队都以此命名）吉祥物的队服，跑到街上（可别问我这件队服怎么会出现在公寓）。吉祥物看起来就像一只生气且全身通红的燕子，我想只有这只巨大而愤怒的燕子撞向街边的窗户，惊动在圣德尼剧院喝咖啡的顾客时，狂欢才能达到高潮。朋友对此都非常反对，他们拉住我，告诉我现在要去一个更好的聚会。他们帮我脱下那身衣服，叫了一辆出租车，把我塞进后座，让司机把我送回家。

我到家时正好赶上父亲外出晚餐回来，他对我当时的醉态未予理会。第二天早上，他对我进行了严厉训斥，历数酒精的危害，我只好洗耳恭听。我没告诉他，我是他的三个儿子中最乖、最老实的，他根本无须担心。但当时我实在不想和他争辩。

那段时间，我第一次认真地交了一个女朋友。我们在布雷伯夫上学时就一起出去玩，平时也总是和自己圈子里的那些朋友接触。我与不认识的人见面时总会感觉轻松一些，因为他们不知道我姓特鲁多。我承认，我有时同别人首次见面时会故意隐瞒自己的姓氏。理想状态下，我希望先以自己的人格魅力感染别人，然后再让他们听到特鲁多这个姓氏。

有时为了回避姓氏，自己需要一点儿即兴发挥。我的女友是康考迪亚大学的学生。尽管我在麦大上学，我仍陪着她参加康考迪亚大学辩论协会举办的新成员招募晚会。记得辩题是：蒙特利尔市奥林匹克体育场是否该被拆除？是否应该用拆下来的材料建造一座连接魁北克省和纽芬兰岛的大桥？轮到我发言时，我自称杰森·特朗布雷。我感到有点儿兴奋，因为没人认识我，我的话不会造成任何后果，反正我又不参加康考迪亚大学的辩论协会，也不指望别人知道我到底有多优秀，我可以畅所欲言。我不在候选人名单上，所以没有任何压力，结果辩论得相当出色。我说："建桥是个不错的设想，因为阻断经过贝尔岛海峡的洋流可以使墨西哥湾暖流转向加拿大，使加拿大东岸出现地中海气候。想想吧，诺瓦斯科舍省也能生产橄榄油了。"

活动结束时，活动组织者邀请我加入辩论协会。我遗憾地摇摇头，向他坦白道："我不在康考迪亚大学读书，我的名字也不是杰森·特朗布雷。"我从不刻意隐瞒自己的身份，但如果能暂时隐瞒一会儿也不错。

几年后我又一次用了假名字。那时我在蒙特利尔城东的"拳击冠军俱乐部"练习拳击。一个人即使在自己状态最好的时候，走进真实的拳击馆报名也会不寒而栗。拳击馆可不是个好待的地方，尤其是作为前总理的儿子，我肯定不受欢迎，除非我给别人当练拳的沙袋。我登记时用了母亲的娘家姓氏，即贾斯廷·辛克莱。我希望人们通过我的体育操守和技术水平了解我，而不是先知道我的出身。

大约一年后，我的教练西尔万·加尼翁告诉我，他已弄清了我的真名实姓，但那时我在拳击馆已小有名气，所以即便别人知道我的真名也不要紧。这就是我喜欢用假名的原因：人们可以先了解我的为人，之后我的姓氏也就无关紧要了。

有时候人们只是对我的姓氏带来的光环着迷，也有人甚至会为此而想方设法挤进我的社交圈。多年来我已习惯了这种事，并且在社交方面养成了一种第六感，这种感觉至今管用。

不管别人对我的姓氏的反应是好是坏，我都不喜欢别人在辩论赛或拳击赛开始前对我有先入为主的期待。无论在辩论台还是在拳击场上，一些对手会因为我的姓氏而故意手下留情或下狠手。我小心谨慎的性格在这些场合非常有用。面对社交场上遇到的那些人，我会向他们展示人格魅力。如果他们还不知道我的姓氏，我希望他们在听到我的姓氏前先了解我。如果他们已经知道我的姓氏，我希望可以改变（至少减少）他们对我先入为主的看法。

当然，我不是唯一需要解决“特鲁多”标签所带来的影响的人，我的两个弟弟也不能幸免，必须直面这个问题。我们三人对姓氏的态度往往反映出我们个人与父亲的关系，并折射出我们兄弟性格上的差异。萨沙最热衷于模仿父亲，总想变成父亲那样的知识分子和禁欲者，他特别重视自我保护，极力避免隐私受到侵犯。米歇尔正相反，他努力挣脱父亲的影响，生活中隐姓埋名。他在参加夏令营时化名“麦克”，后来他跑到东部诺瓦斯科舍省的达尔豪斯大学上学，最终在加拿大西部安家。我走的则是中间路线。特鲁多这个姓氏对我来说是莫大的荣耀，但我也希望人们可以根据我的能力来评判我，让他们知道我的性情和知识水平都不同于父亲。

有时我的背景和姓氏也会引发一些搞笑和离奇的事情。例如有一次我在巴黎旅行，其间在圣米歇尔大街同一名美国退休教授交谈。此人因为将罗伯特·弗罗斯特的诗歌翻译为法文而出名。他为人风趣且富有魅力，当我说我来自加拿大时，他说："你们70年代时有位总理真不错，就是自己的漂亮老婆跟人跑了的那位总理。"

我当时没忍住，说道："你是说我妈吗？"

1992年发生的一件事更是令人忍俊不禁。当时我和父亲正沿着塔琴希尼河进行为期八天的漂流。塔琴希尼河位于育空地区和不列颠哥伦比亚省北部。我们此行的目的是呼吁人们关心这个地区的铜矿开采可能产生的环境危害。

我和父亲计划在育空地区首府白马市碰头。我早到了几天，打算先在这里逛逛。结果，纯属偶然，我在白马市遇到了参加夏季摩托车拉力赛的一些骑手，并很快和他们成了朋友。他们人很不错，但性格粗犷。他们可以纯粹为了高兴就在旷野上骑行几千公里。我和其中一名被称为"壮约翰"的骑手混得最熟，他在美国匹兹堡开了一家哈雷戴维森摩托车经销店。我当时没告诉"壮约翰"和他那帮哥们儿我姓什么。我想这些美国人应该不知道特鲁多这个姓氏，即便知道了也不会在意。

几天后，我父亲也到了白马市。我俩来到市里一家挤满人的酒吧，刚一进门，就听到从远处的角落传来熟悉的咆哮声："喂！说你呢！我们不愿在这儿看到你们这种人。"冲我们咆哮的正是"壮约翰"，他坐在桌旁，假装很生气，可我看见他被自己开的玩笑逗乐了。然而父亲却紧张起来，以为我们可能遭到了某个积怨已久的选民的口头侮辱（或者更糟）。

我向父亲介绍“壮约翰”和他的哥们儿，当父亲反应过来这些人其实是冲我喊时，他脸上露出了笑容。他非常乐意给我当配角。

我们回家后，父亲告诉母亲我们这次旅行的一些细节，并跟她说：“你知道吗，以前我从来不知道贾斯廷的人际交往能力这么好。”

我念英国文学专业本科时，读了数百本书，还写了多篇关于威廉·布莱克、奥尔德斯·赫胥黎以及华莱士·史蒂文斯等作家的论文。从中我拓展了知识视野，而这正是人文科学的教育目标。

那段时间，我尝试过接受各种形式的政治立场和意识形态，但经常很快就放弃。这种事一般发生在十几岁到二十岁出头的青年身上，这些人刚踏入大学校园，满脑子理想主义。很快他们便开始寻求解答一些大问题，比如生命的意义是什么？我们怎样才能构建一个更好的社会？实现社会平等的过程中有哪些阻碍？他们对这些问题的探求促使众多校园知识分子对各种意识形态进行总结，如艾茵·兰德的客观主义理论。

同其他大学生一样，我对这些问题也充满好奇，但我总是对这种狂热的简化论运动持怀疑态度。父亲喜欢引用托马斯·阿奎那的箴言：“我害怕那些胸中只装有一本书的人。”我对这句话也有深刻认识。每当有同学或朋友试图让我相信在《阿特拉斯耸耸肩》或其他单一的哲学体系中可以找到人生重大问题或重要政治问题的答案时，我都不会信以为真。父亲对我的教导中有一条就是:“大千世界错综复杂，不可能用某一种共同的意识形态笼而统之。”我在校园中接触到各种政治影响，但我在毕业时仍是一个思想开放的中间派，就如我刚入学时一样。

大学期间，我对魁北克省、联邦主义乃至加拿大的性质有了更深的理解。

父亲曾向我描述过他年轻时魁省的政治环境，而如今魁省的政治环境已大不一样，这种变化令我惊讶。在上世纪四五十年代，魁北克民族主义是一股强大的力量，它当时的诉求有别于当今的分离主义。父亲年轻时，魁省的政治和宗教精英关心的是如何在北美的新教环境中维持魁省的法国天主教特色。简言之，他们强调的是维持一个由农民和伐木工构成的社会，同时由少数律师、教士、医生和政治家对这个社会进行监管。金钱和生意上的事交由说英语的人打理。

当然，到20世纪中叶，这种社会状态已无法维系。因此当时的许多思想家、艺术家和作家（我父亲也在其中）发起了“寂静革命”，试图使教育、城市化和世俗主义成为构建现代化魁省的重要基石。

上世纪70年代魁省的自我意识全面上升，民族主义势力不断增强。时间推移到我在布雷伯夫上学的80年代，魁省已开始公开索要更多的政府权力，要求该省的语言和文化特性得到更广泛的认同。1982年，联邦政府推出《加拿大宪法》，魁省没有明确支持新宪法，致使国家又用了近十年的时间，寻求重新分配权力、满足魁省关切的新方式。政治家和宪法律师们开始探索某种大交易，结果就是最终流产的1987年的《米奇湖协定》。

1992年的《夏洛特敦协定》及围绕该协定的全民公投运动使我决定投身加拿大政治，当时我正在麦大读大二。

不少联邦主义者（包括我父亲在内）反对《夏洛特敦协定》，主要原因是魁省对联邦政府的各种要求不断加码，签署该协定会被视为联邦政府向魁省“投降”。协定第一章要求修改《加拿大宪法》，加入“魁北克是加拿大内一个特殊社会”的规定，并宣布“确认魁北克议会和政府在保护和促进魁北克特殊社会中的作用”。第二十一章规定，无论未来加拿大人口格局如何变化，魁北克在联邦众议院所占席位比例不得低于25%。

我一直自认是个加拿大联邦主义者。怎么可能不是呢？但在20世纪90年代初，仅有这样一个标签还不够，因为当时社会上有各种不同的改革建议，这迫使我们所有人都要思考什么样的联邦制结构更为理想。随着有关《夏洛特敦协定》的辩论不断深入，我开始仔细研究这份文件。当我拿着荧光笔在几乎每页纸上都做出标记后，我意识到该协定涉及的问题早已超出魁北克一个省。该协定载有一长列对各省的妥协，但却几乎未提及联邦政府能得到什么。在我看来，这个问题更为严重。我从不是那种主张联邦政府应介入所有政策领域的联邦主义者，但《夏洛特敦协定》会打破权力平衡，过于向权力下放倾斜，该协定一方面规定联邦政府要向地方项目拨款，另一方面却又限制联邦政府实行全国统一标准。这个协定有问题。

给你举几个困扰我的例子：该协定第三十八章强行规定，联邦政府应同意放弃法律驳回权。驳回权系指联邦政府有权驳回任何与国家目标相冲突的省级法律。该协定第三十九章规定，联邦政府将失去“宣告管辖权”。所谓宣告管辖权是指联邦政府有权在其管辖范围内对某些领域进行分类管理，如重要资源的管控。提出这些让步并无不妥，从各省的角度来看这些建议也合情合理，毕竟联邦政府近年来也鲜有行使“法律驳回权”或“宣告管辖权”。但当我读到协定中包含的联邦政府的上述和类似让步时，我总是被同一问题所困扰：联邦政府到底得到了什么回报？在我看来，几乎什么都没有。

更让我担忧的是，许多人虽表示支持协定，但他们承认自己实际上并没读过协定的案文，至少没有像我那样仔细研究过案文。仔细研读协定很有必要。我清楚地记得自己曾经从一名麦大青年进步保守党协会的成员手中拿到过一本支持该协定的宣传册。他们当时正在校园里为该协定争取支持。读完手册后，我问这名积极分子为什么不给学生们看看协定的全文。他敷衍我说：“他们只需了解宣传册上介绍的协定要点就行了。”他反问我：“既然我们已不辞劳苦地整理出协定要点，他们干吗还要去看整篇复杂的文件呢？”我回答说：“因为现在大家都决心改变未来，但他们却不清楚未来究竟是什么样子，我们的未来不可能只被简单概括为这十几个要点。”

那年我在麦大可忙坏了。我拿着一本被翻得破破烂烂的《夏洛特敦协定》奔波于校园，向朋友介绍协定条款。我本期待自己的行动可以改变很多人的想法，但事与愿违，大多数人已根据自身的政治倾向确定了立场。布莱恩·马尔罗尼领导的进步保守党的支持者们倾向于支持该协定，而进步保守党的批评者则对该协定持怀疑态度。支持和反对协定的两个阵营内部也存在分歧，东部的联邦主义者支持，但普雷斯顿·曼宁及其改革党则反对，认为该协定使魁省获得了过多的特殊待遇。（他们也不喜欢协定中有关参议院改革的条款。关于这个问题的争论持续至今，这证明我们的政治生活确实缺乏新鲜内容。）

分离主义者也站出来反对《夏洛特敦协定》，这让别人对我反对协定的立场产生了误解。他们想知道我反对协定和分离主义者反对协定之间到底有什么区别，我和分离主义者是不是穿一条裤子。我记得一个热线广播节目的主持人粗暴地挂断我的电话，因为他不相信一个自诩为联邦主义者却又反对协定的人能提出什么建设性的看法。无奈之下，我只好穿上一件T恤衫，上面写着：我的“不”是联邦主义者的“不”。

最终，《夏洛特敦协定》在1992年10月举行的公投上被否决，反对和支持的民众比例分别为54%和46%。在魁省，反对和支持的民众比例分别为57%和43%。四个西部省份的公投结果也是反对该协定。我对这个结果很满意。我很高兴自己能拥有一段如此深度介入政治热点问题的经历，能根据自身立场提出观点，并积极宣传。这段经历加深了我对加拿大的感情，促使我下定决心支持并全力维护任何有利于建设一个富强、独特和有政治凝聚力的加拿大的举动，在那几个月里，我拿着翻烂的《夏洛特敦协定》四处奔走，遇到愿与我辩论的人，我一定会为他们指出该协定的缺陷。这段经历是我政治生活之旅的重要一步。

三年后，又一场政治运动向我们席卷而来。这次运动甚至比宪法修改的风险更大，直接关系到国家是否解体。

这是1995年10月，魁省准备举行第二次独立公投。假如同意独立的一方获胜，魁省将在多数魁省民众的支持下，与联邦政府进行脱离加拿大的谈判。在距离公投不到一周时，民调显示分离主义者可能获胜，当时我和蒙特利尔的朋友们都担心加拿大作为一个完整国家的日子可能快要到头了。

分离主义者发动宣传攻势，四处煽动，兜售分离主义观点，我对此感到十分愤怒。我看这些人根本不清楚他们所提主张的严重性。假如你想要建立一个新国家，那就必须获得民众的明确支持与认同。绝不能为达到目的欺骗民众，弄虚作假，因为独立过渡阶段会产生各种不可避免的挑战，应对挑战需要得到民众持续不懈的支持。考虑到任何新生国家在创建之初都会经历成长之痛，必须让民众感觉付出这种代价是值得的。独立派虽然看似可能在公投中以微弱优势胜出，但如试图通过误导民众取胜，在我看来，这将是动荡和骚乱的前奏。

距离公投只剩三天，十余万人参加了在蒙特利尔举行的“团结集会”，我和朋友伊恩·雷也在其中。这是迄今为止加拿大史上规模最大的政治集会。巨大的枫叶旗四处飘扬，加拿大广场上人头攒动。为了尽可能找个最佳视角，我和伊恩跑到附近的加拿大帝国商业银行大厦，顺着脚手架爬到大厦二层大厅的阳台上。假如你仔细观察那张俯拍集会的著名巨幅海报，你能看到我们就在大厦阳台顶上两座白色的媒体帐篷附近。身处如此众多的加拿大民众之中让人异常激动，这些许缓和了我在公投前夕积累的烦躁情绪。

公投那天晚上，我们兄弟几个在家跟父亲一起通过电视看公投结果（谢天谢地，父亲最终答应看电视了）。反独立一方以微弱优势赢得公投，结果为 50.58% 反对，49.42% 支持，双方仅相差 54288 票。父亲在结果公布的过程中镇定自若。当官方结果宣布时，他点头说“很好”，然后就平静地上床睡觉了。

嘿！这可是个值得庆祝的时刻啊！我与朋友们聚集到麦特卡尔夫街的酒吧，在那儿我听到一些谣言，有人说分离主义者企图从麦松内夫公园向东拥入市中心。结果证明这纯属谣言，即便魁人党及其支持者曾考虑过采取抗议行为，但当他们看到市中心聚集的大批防暴警察时也会胆怯吧。随处可见的警察使我确信，加拿大总算是躲过了一劫。

多年后，我仍不时回想起那晚的情形，并想象如果有 27145 名反独立派转而投票支持分离主义者，我们的国家会发生怎样的变化。加拿大很可能已不复存在。那我们向世界传达的又是什么样的信息呢？假如像加拿大这样一个尊重多元的国家都无法化解内部分歧，那我们又如何期盼世界上其他国家能融洽相处呢？

时至今日，这个问题依然是我前进的动力。

第三章
东游西行

1994 年，我从麦吉尔大学毕业，站到了人生的十字路口。我当时 22 岁，刚刚拿到英语文学学士学位。虽然大学期间我在学习上仍遇到过在布雷伯夫念书时那样的麻烦，但我的本科成绩还是足以让我选择今后的人生。

我本科学的是英语文学，这不仅是出于我对阅读的热爱，也是因为这门专业能让我今后有继续学习的机会。英语文学学士是我的第一个学位，但绝不会是最后一个。我当时面临的最大难题就是自己仍不清楚今后应该朝哪个方向发展。

也许是预感会遇到这样的挑战，我和布雷伯夫学校的一帮老朋友早早就计划要在毕业那年好好旅行一番。此前，我已经去过世界上五十多个国家，大都是与父亲同行。这次我可以再多去几个国家。当你意识到不可能把三大洲和四个季节要用的东西全都带上时，你会惊奇地发现真正要带的行李并不多。我收拾好背包，向大西洋彼岸进发。

我在法国过的夏天，从普罗旺斯到诺曼底，最后抵达巴黎，大部分时间只有我自己。在巴黎我整天都泡在各种各样的博物馆和图书馆。远离平常生活环境中的人和事，也不用再为羞于交友而苦恼，这使我有了更多的时间来思考人生和未来。

我回想起父亲在我这个年纪时的人生阅历：在布雷伯夫学校发愤苦读，在蒙特利尔大学法学院独占鳌头，在哈佛大学获得硕士学位，后来到伦敦经济学院和法国索邦大学参加非学位进修。之后数年，他有过很多追求——环游世界，干过一段时间律师，出版过一份倡导“魁北克寂静革命”的颠覆性学术刊物，写了一两本书，还教过几年宪法——所有这些都发生在他四十五六岁竞选政治公职前。我没有沿袭父亲的人生轨迹，因为自我审视后，我确信公共知识分子的曲折人生道路并不适合我。

母亲从新成立的温哥华西蒙弗雷泽大学获得社会学学位后，来到东部与父亲结婚并组建家庭。虽然我早就有将来一定会成家的打算，但我不想结婚时像父亲那么老，也不想像母亲那么年轻。

那年夏天，我在一个山坡上静思时，一刹那间悟出了自己下一步的人生道路：我要做一名教师。这份职业既可使自己对这个世界产生一些积极影响，也能发挥自己在学习、分享和理解他人方面的优势。对当时的我来说，最重要的是这样的工作完全属于我自己，我可以暂时远离父母，告别过去。

我迫不及待地打电话给家里，告诉他们自己的顿悟。“贾斯廷，你的想法非常好，”母亲说，“你知道吗？我们家族在苏格兰时就出了好多老师。”

就是它了，我对自己说，至少可以暂时离开家一段时间。我计划来年秋天到麦吉尔大学教育学院学习。之前这一年，我要把时间全都花在旅行上。

9月，我和三个最好的朋友——马修·沃克、阿兰·史蒂夫曼、马克·米勒——在伦敦会合，一道踏上神往的探险之旅。我们和一帮英国人，外加几个澳大利亚人和一个单独旅行的芬兰人，拼凑成一支杂牌探险队，驾驶越野房车开赴非洲。我们用了几天时间穿越法国和西班牙，累了困了就在高速公路休息站露营，大家都迫不及待地想离开欧洲的土地。在直布罗陀，我们各自给家里打了最后一次电话，然后登上了去摩洛哥的渡轮。

摩洛哥曾经是非斯和马拉喀什地区的阿拉伯人聚居区。我们穿越阿特拉斯山，在西撒哈拉面向大西洋的海边捡贻贝当早餐。我们穿过空旷的撒哈拉沙漠到达毛里塔尼亚。我们的房车多次陷进沙丘，大家都得下来推车。记得我有一次因吃了隔顿的金枪鱼沙拉，结果大病一场。我们还曾意外地在一个小村子的渔民家里吃过一顿美味的韩餐。当然我更记得我们最后几箱啤酒在过海关时被查扣。

从北非向西一路就开心多了。马里人多姿多彩，大都很友好，当然也有例外。在巴马科，马修就曾遭遇抢劫，还被喷了胡椒雾，幸好只损失了一些钱，其他东西都还在。在我们徒步考察一个古代文明遗迹回来的路上，马克同村里的一个壮汉掰腕子，结果赢了。我们还到访了一个几乎被遗弃的村落，当地人带我们参观了一棵大树，他们还清楚记得，就在这棵树下举行的宗教仪式上，小孩子被当作祭品。

我们穿过布基纳法索到达象牙海岸，然后又去了加纳、多哥和贝宁。各地风光旖旎，人民友善，与历史和当代的种种劣迹形成鲜明反差，从奴隶主城堡遗址（过去数百万非洲人从这里被送往大西洋彼岸当牛做马）到现代的荒淫奢华。我们见到过比圣彼得大教堂还要大但却空无一人的天主教堂，还有护城河里全是鳄鱼的总统府。

我们到达尼日利亚边界时已是 12 月下旬。我们从这里开始下一阶段的旅程。我们搭乘俄罗斯航空公司的航班飞离科托努，经由马尔他和莫斯科抵达赫尔辛基。马克从赫尔辛基返回蒙特利尔，我们剩下的三人向当地的中国大使馆申请去中国的旅游签证。这段时间我们就住在芬兰旅友姑姑名下的一室一厅的公寓里。我们在赫尔辛基过了圣诞节。元旦前，我们登上跨西伯利亚的特快列车，飞驰在茫茫大草原上。

尽管列车上的食物和服务非常糟糕，但这次穿越西伯利亚的列车之行让我们又多了一次难忘之旅。苏联时期的烹饪和旅客服务质量不敢恭维，可苏联已经解体好几年了，满足客人需求显然仍是一个完全陌生的概念。

我们在车上遇到一大批在俄罗斯大学留学的中国学生乘车回国过年。我那一周大部分时间都用来欣赏风景、画素描，当然也会抽时间读《战争与和平》。除夕那天，列车长似乎想练练他那马马虎虎的英语，邀请我们和他一边喝伏特加，一边聊国际时事。他在苏联驻阿富汗军队中服役的故事还挺有意思，但他针对车上其他乘客不经意间流露出的种族主义倾向让我很不喜欢。1995 年元旦太阳升起时，我发誓再也不喝伏特加了。我至今依然恪守这一庄严承诺。

列车离开莫斯科行驶 9000 公里后，换轨开往北京。从北京我们还去了上海、香港、河内、曼谷，还有这几个城市之间的一些地方。最后在泰国美丽的苏梅岛，我们给此次东方之旅画上了句号。好多年前父亲曾带我和两个弟弟来过苏梅岛。为纪念这次旅行，我请当地的一名艺术家在我左肩上文了一个地球的图案。

那年春末我回国，先去了温哥华的外婆家，后来又去了弟弟米歇尔生活和工作的惠斯勒。加拿大是我唯一可以称之为祖国的国家，回到祖国使我有机会梳理和回味这一年的旅程。

任何游子经过这样一次包罗万象的漫长旅行都会发生变化，我也不例外。像大多数有幸出国旅行的加拿大人一样，旅途归来，我更加感激我们这个世界上独一无二、上天如此眷顾的国家。我无法一一列举这次旅行的种种经历，也无法细述这些经历对我精神世界的种种影响。这种变化广泛而深远。我更加深刻地体会到不同背景的人相互了解和理解的必要性。我也更加确信，如果我们重视人与人之间的相互了解和理解，我们的共识就可以超越差异。我曾多次观察到，对差异和外来人口持开放态度的社会，要比闭关自守的社会更快乐，更有活力。

一年来一路东行，我感受到世界是如此丰富多彩，这促使我开始关注一些自己一直认为是理所当然的事情。我所到之处，当地土生土长的人都占绝对多数，属于主流。巴黎的北非人、布基纳法索的欧洲人、象牙海岸的黎巴嫩超市商人、俄罗斯的中国留学生、泰国的澳大利亚人，甚至在国家人口中占相当比例的部落或文化少数族群，他们永远属于“外人”，被排斥在管辖和国家认同之外。

与此形成鲜明对照的是，现代加拿大的国家认同不再基于民族、宗教、历史或地域。加拿大人由各种肤色、文化和信仰的人组成。我们会继续为自己的多元社会而欢庆欢呼。我们创建了以开放、尊重、友爱、公正、平等、机会等共同价值观为基础的国家认同。在我去过的近 100 个国家中，虽然许多国家也崇尚这样的价值观，但几乎唯有加拿大人用这样的价值观定义自己的国家。加拿大也由此成为地球上唯一一个因其差异而非无差异而强大的国家。

那年夏天和秋天，我在蒙特利尔和父亲住在一起，有机会认识了同父异母的四岁妹妹莎拉。她母亲德博拉·科因是一名宪法律师，也是父亲的好友。

莎拉还是婴儿时，我见过她几次。现在她已经出落成一个有点早熟的小姑娘，我很高兴与她有更多接触。说实话，看到年近八旬的父亲把莎拉放在肩上走来走去，就像我和弟弟像莎拉这么小时他扛我们一样，我很开心。

2000 年 9 月，父亲去世前几天，莎拉和德博拉最后一次去看望我父亲。之后，我带莎拉出去攀岩。我知道父亲一定非常希望看到我和莎拉一起外出活动。

父亲的葬礼后，我和莎拉就再没有联系了。我为有这样一个同父异母的妹妹而感到自豪，希望我们今后能够再次相见。

我重返麦吉尔大学后的第一年，接触到了新课程，也结交了新朋友，过得还不错。但从第二年起，我变得兴致全无。虽然我喜欢课堂，也喜欢教书，但扪心自问，我越发感觉自己现在的生活太过单调乏味。我一直和父亲住在家里，我也很爱他，但我还是觉得应该搬出去住，离开蒙特利尔。

旅行对我的深刻影响超出我的预期。当你离开生活多年的地方外出旅行时，你会留下一个负空间，留下一个外出旅行者空荡荡的轮廓。旅行归来时，你期望能重新填补上这个空间，别人也期望你能如此，但这个空间已不再适合你，因为你已经变了。这不仅让你自己感觉不舒服，也会让熟悉你的人感到有些不安。

我知道，旅行后的我已不再是离开时的那个小伙子了。1996年的圣诞节即将来临，我也将度过我25岁的生日，这是一个离开蒙特利尔的好机会，我将离开朋友、家人和个人经历为我在这里创造的舒适空间。

我父亲从来都很现实和坦诚，他理解也同意我的决定。萨沙还会跟他住在松树大街的家里，所以我离开后爸爸不会没人做伴。但问题是，我该去哪儿呢？

答案很简单。

我们一家以前曾多次去不列颠哥伦比亚省旅行，我一直梦想住在西海岸。对幼小的我来说，辽阔的西部既迷人，又有点让人害怕，特别是那里的海岸、群山，还有斯坦利公园里又高又大的花旗松——年幼的特鲁多三兄弟伸长手臂、手尖碰手尖，也抱不了树的一半。但真正吸引我到西部去的还是我的家族。辛克莱家族的根就在那里，我弟弟米歇尔当时也住在不列颠哥伦比亚省的内陆地区。1997年1月，我经温哥华来到惠斯勒，希望能做个单板滑雪教练。

滑雪已融入我们家族的血液之中。我们家每个人都痴迷滑雪，而且各有各的风格。父亲滑起雪来勇猛、一往无前，动作干净利落。母亲小时候在惠斯勒学会了滑雪，她雪上姿态优美，喜欢炫耀自己从没摔过跤。我倒还真没见她滑倒过。萨沙、米歇尔和我都是刚刚学会走路就开始学习滑雪。我承认，我们三人中米歇尔滑得最好，这或许是由于他一直努力向哥哥们看齐，学会了很多我们认为没必要的技巧动作。萨沙各个方面都最像我父亲，包括滑雪，他的技巧最好。我只是掌握了一些滑雪的基本要领，但转弯时缺乏那种美妙的节奏感。我总想以最快的速度滑到山底，这使我一次次摔得狼狈不堪。

认清自己绝无可能凭双板滑雪的本事在特鲁多家族脱颖而出后，我决定另辟蹊径。我 14 岁时看过电影《007 之雷霆杀机》，片子开头是詹姆斯·邦德脚踏单板在雪上摩托前左冲右突。我从中得到灵感，马上就从美国佛蒙特州邮购了单板，然后到翠湖山庄自学自练。我二十多岁搬到不列颠哥伦比亚省后，打算重操旧业，这既可满足自己的乐趣，又可给自己挣些钱。

当教练前，我必须拿到一级资格证，这当然得花些时间。为了支付房租和伙食费（所谓“房间”不过是朋友阁楼里的一张床垫，“伙食”就是每天一两张“雾山”披萨饼），我设法在当地非常受欢迎的“恶狼”夜总会找了一份门卫的差事。我挺喜欢这份工作，即使在我拿到教练证书开始在单板滑雪学校上班后，我仍然保留着这份差事。我每天的时间排得很满。我在滑雪学校每周工作六天，从一大早一直干到下午五点。每周有四个晚上，我在滑雪学校下班后稍事休息，就会赶到“恶狼”夜总会上班，通常要干到凌晨两三点。

我喜爱这样的时间安排。白天教小孩，晚上当保安。我的姓氏在这段日子没起任何作用。

“恶狼”夜总会晚上最忙时会有好几个门卫，我是其中块头最小的。有一名保安叫彼得·罗伯斯，至今都是我的好哥们儿。他曾在加拿大军队服役，弟弟萨沙在加军盖奇敦基地服预备役时，就在他手下受训。彼得一出现就能轻松镇住场面，而我则需要用其他方式才能把事情搞定。尽管我看起来没有其他保安那么唬人，但夜总会一有人闹事，我往往第一个被派去处理。如果哪个摩托党没付5加元门票钱就闯进来，我就要被派过去收钱。起初，我以为他们是在捉弄新手，后来我发现之所以让我第一个出面，是因为我总能平和地把事情搞定。不用说，我在“恶狼”夜总会打工的这段日子，让我对人性有了更深的认识。

我发现当好夜总会保安的秘诀有二：一是要讲究策略，二是遇事别害怕。当然，也要保持冷静，真正做到面不改色心不跳。一名出色的保安遇事会始终保持理智，尽量避免卷入任何形式的肢体冲突。就我个人而言，理智是我最大的优势。大家通常会在一些热门夜总会门前看到几名彪形大汉。这些彪悍的保安似乎不太在乎是否会发生肢体冲突。遇到不受欢迎的客人，他们的处理办法就是一把抱住对方，二话没商量直接把人推出门外，扔到街上。我不会这么干，也不想挨拳头。如果有人对我挥拳，这说明我自己把事情搞砸了，没有达到和平解决问题的目的。

遇到醉酒闹事的主儿，我最喜欢的手段就是对他说：“你看，伙计，你要是在这儿跟我折腾，其他保安会一起冲上来揍你。你跟我出去，咱俩单练。”

这种人很想打一架，至少摆出一副想打架的样子。他会马上听从我的建议，直奔门外的停车场，还会边走边向周围看热闹的人吹嘘他将如何打我个落花流水、满地找牙。我从来不会给他这种机会。我把他送到门外，把他的外套给他，冲他一笑，道声“晚安”，然后回到酒吧里。这一招往往会让他骂得更凶，喊我是胆小鬼。

“说得没错，”我会叫住他，“我不想打架。你现在回家好好睡一觉，我们明晚见。”

在“恶狼”夜总会得到的不少经验教训，可以用到现实政治之中。不论是在酒吧交锋还是在政坛争论，你若想推行自己的意志，首先就要克服自我意识，因为这是最大的障碍。一旦发生分歧，双方都不愿意退让。关键就在于你得想办法给对手留足面子。这就像任由一个气势汹汹的醉鬼在雨中得意洋洋地挥舞拳头，而你却待在温暖干爽的室内干自己的事。

“恶狼”夜总会的工作除了让我有机会学习和尝试一些心理学方面的基本技巧外，也让我看到年轻人如何用酗酒和毒品自毁人生。我看到无数人仅仅因为无聊就干无数的蠢事。我也看到过太多睾酮过盛的年轻人，他们自以为晚上外出要玩得痛快就得打一架。依赖毒品和酒精寻找快乐是个陷阱，已毁了无数个生命。很早以前我就暗下决心，绝不会让这些东西毁了自己的人生。

通过我的另外一份工作——教小孩子学习单板滑雪，我也得到了同样有价值的收获。我们这些教练的工作是黑梳山滑雪学校开办的创新型“雪板部落”青少年训练项目的一部分。“雪板部落”项目启动之初并不特别受欢迎，因为它被视为少儿收容站，负责照看单板滑雪没伴儿的或年龄偏大、不愿意随同父母双板滑雪的单板滑雪小孩。我朋友西恩·斯迈利重新打造了一个项目，改变了“雪板部落”不受欢迎的形象。他先是找了一些喜欢教小孩的教练，让这些教练通过创新方式传授滑板技能。西恩项目的成功告诉我，哪怕是最懈怠的学生，只要有创新的教学方法，有充满活力的教师，他们的积极性就能被激发。

在西恩看来，单板滑雪的教学不必遵循传统滑雪学校让学生重复练习“转—停—转—停”的教学模式。单板滑雪很刺激，或许应该说是最刺激的雪上运动。只要有好的环境，有正确的指导，单板滑雪比其他运动更容易上手。大部分单板滑雪初学者在山上学上一周，就能完成刻滑和简单的技巧动作，这也是单板滑雪在上世纪90年代大行其道的一个原因。西恩抓住了这一机遇，他聘用的单板滑雪教练个个身怀绝技，教练的本事激发了学员的学习兴趣和热情。

他这一招确实很灵。参加过培训的孩子会向朋友介绍我们的单板滑雪培训，很快我们就听说韦尔、阿斯彭等地的滑雪学校模仿了我们的教学方式。黑梳山滑雪学校的“雪板部落”项目原来只是勉强保本，现在几乎一夜之间就成了赚钱利器。一本叫《青少年》的杂志派人来做专题报道，一定程度上为我们做了促销宣传。在渥太华政治圈里的我的同事们将其称为“免费媒体报道”。

老师大都会说，他们职业生涯中最有成就感的时刻，就是亲眼目睹自己的学生忽然间在某一方面“开窍”，就像“灯泡”瞬间亮起那样。我教单板滑雪时，每天“灯泡”都会亮好几次，每次我都特别兴奋。学生之所以能一下子开窍，原因之一是单板滑雪的性质与双板滑雪相比有所不同。双板滑雪教练主要是对学生略加点拨，而我们教学生掌握单板滑雪时则是倾囊相授。点拨固然不错，但倾囊相授更能打动人心。每当孩子们把单板滑雪秘诀变成一个个具体动作时，他们都会兴奋不已。对教练来说，这就好比看到全班学生通过扭扭胯、热热身就突然理解了三角函数一样。

我当单板滑雪教练时遇到的最大挑战，就是如何让那些自以为无所不知的十几岁小孩子认识到，他们在单板滑雪及高山滑雪方面仍有所不知。这是双板滑雪和单板滑雪之间的另一个不同之处。

双板滑雪需要数年才能全部掌握，如此长的时间可以让滑雪者有机会熟悉繁忙雪道的风险和节奏。单板滑雪者的情形完全不同，有些人可能刚学几天就能在中级甚至高级雪道上飞速而下。他们甚至还都不知道应该如何礼让并道，也不清楚陡峭的滑道上在哪儿停歇最安全。这让双板滑雪者经常抱怨单板滑雪者不懂礼貌。单板滑雪者并非天生粗鲁，他们主要的问题是高山滑雪经验不足（从别人身旁滑过时会产生盲区的警示对他们根本不管用）。每次和学生一道坐滑雪缆车，我都会让他们朝下看，猜猜滑道上双板或单板滑雪者的滑行方向，谁会停下来休息，谁最有可能摔倒。这就如同防御性安全汽车驾驶培训，我希望学生能随时注意身边的所有人和事。

在黑梳山滑雪学校任教的经历使我对管理众多孩子的艺术有了较为深入的了解。家长们早上 8 点前就陆续把他们的孩子交给我们，我们要到 9 点才上山，我们有一个小时要跟这些 12 岁至 16 岁叽叽喳喳的孩子们待在一起。同这个年龄段的孩子打过交道的人都清楚，孩子从来不把权威放在眼里，没准什么时候就会跑丢或惹出什么祸来。因此我知道，给他们安排活动时最重要的就是要表现出自信和领导力。如果我稍有犹豫，哪怕只是一小会儿，可能一次滑行练习还没做孩子就失控了。很快我发现自己还真有跟孩子打交道的天赋。

当单板滑雪教练的这段经历对我最大的影响，就是把我重新推向教书的道路。每天结束时，回想一天的教练工作，我都感到非常快乐、非常满足、非常有成就感，这种感觉让我确信，我当教师大有作为，也会从中受益匪浅。我做过夏令营辅导员、激浪漂流引导员、单板滑雪教练、酒吧服务员和保安。这些打工经历让我一次次问自己，我会不会喜欢上一份“正经”工作。教书当然就是一份“正经”工作，我渴望重新开始朝这个目标努力。

当我跟希瑟姨妈谈起对教书重燃兴趣时，她说我不如先到不列颠哥伦比亚大学读一个为期 12 个月的师范课程。她的一席话，让我豁然开朗。滑雪季结束后，我回到蒙特利尔。在麦吉尔大学上了几门预修课程后，我便告别朋友和家人，重返温哥华，开始新的追求。

我在不列颠哥伦比亚大学教育学院结交了很多新朋友。这里的学生朝气蓬勃，性格各异，课程大都采用互动式教学，这让学生有很多机会相互学习。

我在温哥华的第一年过得很快。除了周末回惠斯勒外，平日我就在城里发愤读书，争取拿到教育学位。不知不觉间我就毕业了，并在高贵林市代课。那时候我已搬到一间稍大的公寓，和不列颠哥伦比亚大学的同学克里斯·英瓦尔森夫妇合住。克里斯把我介绍给西点格雷学校的校长，不久我就在西点格雷获得了一个全职教师的工作（克里斯后来也成为该校老师）。西点格雷学校成立刚两年，是一所男女同校的私立学校，对我这样一位新出炉的老师来说是个不错的落脚地。学校老师都很年轻，有干劲。我很高兴能参与这所新学校的文化建设。

十多年后的一天深夜，那时我早已回到东部并踏入政坛，我忽然接到一个电话，说克里斯因涉嫌藏有儿童色情制品被抓，这让我非常震惊。后来他认罪，被判入狱三个月。我们每个在教育学院或教师岗位上认识克里斯的人都深感震惊。克里斯为此失去了教师工作和婚姻，也失去了大部分朋友，其中也包括我。

每当媒体披露某人因涉嫌儿童色情或类似犯罪而受到指控时，他们往往会采访被告的邻居或同事，而被采访人大都会表示从未发现被告有这种性嗜好。同许多人一样，我对被采访人的这种说法一直比较怀疑。我曾以为，你与有这类倾向的人相处时，你对他的这种倾向或多或少会有所察觉。克里斯出事后，我发觉我的这种想法不正确。这件事也说明为什么警察和检察官需要下如此大的气力来保护我们的孩子不受这种侵犯。无论是克里斯的妻子还是作为同屋的我，都从未曾料想克里斯会走上这条如此黑暗的道路。这对我来说是个惨痛的教训，也值得其他人共鉴。

我在西点格雷学校当了两年半老师，主要教法语和数学，有时也教些其他课程，如戏剧、写作和高三的法律课。

为尽量避免我在布雷伯夫学校经历过的“圣贤授书”式的教学，我每节课都会安排一些小组做智力练习，如趣味数学题和脑筋急转弯。我自己对智力题一直比较着迷。我还记得初到温哥华时听说过一道智力题，即（至少在数学界）非常有名的“7-11 谜题”。一个顾客来到一家便利店，选了四件要买的东西拿给店员，然后盯着店员用袖珍计算器计算总价。店员算完后告诉顾客总价是 7.11 加元。顾客称店员错用了乘法，应该用加法。店员表示道歉，又认真地把四件商品的单价加了一遍，令人惊异的是总价还是 7.11 加元。谜题就是要确定这四件商品的单价，且加总和乘积都必须是 7.11。破解这样的谜题不是简单的儿童游戏。如果你对数学谜题没兴趣，你肯定不会上心。但你如果有兴趣，你会花上好几天工夫来寻找答案，就像我一样。

我要说的是，如果我能有办法激发学生的积极性，使他们像我寻求破解“7-11 谜题”那样钻研课业，他们肯定会产生我教单板滑雪时最想看到的那种“亮灯”反应。

我曾用过一些简单但行之有效的办法。例如，我在上第一堂数学课时就会问学生：为什么我们采用的是十进制数字体系？为什么不是基于 8、6 或其他数字的体系？世界上各种文化几乎都采用以 10 为基数的数字体系。我会问学生：“这是为什么？”我会让每个学生都举起双手，同时看看四周的同学。学生一个个都会意识到，高举有 10 根手指的双手并不表示他们知道答案——10 根手指本身就是答案。

出谜题的方法在代数课特别管用。我会出这样一道题：一对父女去钓鱼，他们准备回家时，爸爸让女儿给他一条她钓的鱼。“这样我和你钓的鱼就一样多了。”爸爸解释道。女儿则回答说，如果爸爸给她一条鱼，她的鱼就是爸爸的两倍。请问，他们各钓了几条鱼？

通过带有两个变量的两个简单代数方程就可破解答案。当然，凭直觉解开这个谜题的方法也不少，用最短时间找到答案的学生也不一定是数学天才。关键是通过这样的趣味题我能激发学生的兴趣，引导他们到达“亮灯”的那一瞬间，看到他们灿烂的笑容。

上英语课时，我也尽量采用同样的方法。为了展现诗歌的韵律，我会在黑板上写一个押韵的绕口令，看谁能读准重读音节，谁能正确朗读《哈姆雷特》的台词。我的教学方法带有我以前的历史老师安德烈·尚帕涅的痕迹。同他一样，我希望学生能对他们想当然的事情也进行一番思考，如数字的读法和简单词的发音。

我的目标不仅是传授学生书本知识，也要让他们掌握在今后的人生中能够独立解决问题的批判性思维技巧。

我时常采用的非正统教学方法让校方有些困惑，但在学生中很受欢迎。他们知道我热衷辩论，有时会在课上引诱我讨论一些无关紧要的哲学问题，借以阻止我向他们灌输学校的核心课程。这让我感到特别棘手。我对学生施以纪律处分时，他们会认为我背叛了他们，对他们搞突然袭击。

每当遇到这种情况，我的回答都一样："我喜欢你们，也尊重你们，所以对你们有很高的期望。但有一点你们必须明白，不做作业，考试不及格，是会有后果的。你们对自己的人生目标必须心中有数。我如果不让你们对自己的行为负责，不帮助你们面对现实，我就不是一个好老师。"

每次我同非教育系统的人谈话时，他们大都以为，私立学校资金充足，在私立学校教书比在公立学校要轻松。这话不无道理。私立学校的设施和环境可能更新、更好些，学校纪律也更为严格。但这也是有代价的，特别是在配合学生家长开发学生的最大潜能方面。私立学校的学费动辄数千甚至上万，学生家长花这么多钱，如果看不到成果（也就是高分）肯定会非常不满。所以开家长会时，教师大都会自我检讨，就怕哪个愤怒的家长向校方告状或威胁给孩子转学。我更倾向于对家长实话实说。如果我认为某个孩子在校表现不好是受家庭环境的影响，我就会直言不讳。这让有些家长很不爽。

由于自己的施教方法，我常常会与颇为保守的西点格雷学校校方发生争执。最突出的一件事牵扯到我的一个学生，我们就叫他韦恩吧。这个学生经常违反学校的着装规定，领带系得松松垮垮，腰带上还挂条链子。韦恩是个聪明、自信的孩子，但却故意摆出一副叛逆的样子。一天，因着装问题又一次挨训后，他对我说："这太不公平。为什么总是我因着装打扮被点名批评？学校着装规定要求女生裙子不能高过膝盖一英寸，可有的女生根本不把这条规定放在眼里，而且每次违规都没人管，这是双重标准。"

我当时主管一份学校内部的学生报纸，我很想把这份报纸办成一份学生喜爱的刊物，而不是印刷精美却旨在迎合家长虚荣心的宣传材料。我建议韦恩把他对不公平的双重标准的不满写出来，发表在学校报纸上。他不但写了，而且还从理论上做了一些分析，称占师资绝大多数的男性老师，当着十几岁的女性学生批评她们裙子太短，可能感觉很不自在。韦恩的文章发表前，这种情况在学校司空见惯，但没有人愿意承认。

韦恩的文章见诸报端后，校方的反应与我想象的大相径庭。他们借口韦恩缺乏尊重给予他纪律处分。不仅如此，校方还停办了这份报纸。这件事让我确信，西点格雷学校不再适合我继续教书，当然我也不适合他们。没多久，我就在温哥华的一所公立学校谋了个教职。

话虽如此，我必须强调，总体而言，我很珍惜在西点格雷学校度过的时光。学校的学生和老师都很聪明可爱，学校的亮点远远超过其面临的挑战，即便在学校成立之初也是如此。我欣喜地看到，西点格雷学校在不列颠哥伦比亚省名校中始终占有一席之地。

我当老师时发现了私立教育的一些消极面，我在私立学校读书时未曾有所感觉。在布雷伯夫，录取学生主要根据考生标准化入学考试的成绩。而在西点格雷及加拿大多数的私立学校，学生入学最大的门槛不是能力，而是学费。虽然有些学生也申请奖学金和助学金，但多数学生过着优越的生活，参加网球夏令营，有享用不尽的信托基金，还能去欧洲旅行。这样的生活对他们并不是什么难事。我在西点格雷遇到很多这样惹不起的小孩，但我对他们身上散发出的物质主义深感担忧。我曾无意间听到一些学生在聊他们如果彩票中奖了会做什么，最让我不可思议的是，这些学生并非来自经济窘迫的家庭，但他们梦想中的大奖动辄 1000 万或 2000 万加元，从来就没想过 100 万。这些孩子都在幻想他们如何用大奖奖金去买豪华游艇或是私人飞机。

每当我讨论我们社会中的收入不均问题时，总会想到西点格雷的学生及家长。我在家长会见到的都是些成功人士，他们工作勤奋，但财富给他们中的一些人带来的是极度的特权感。许多学生对他们周围的社会及普通百姓面临的挑战知之甚少，当然更谈不上理解。

我小时候认识不少富家子女，自己也享受过不少优越条件，比如有机会跟爸爸旅行。但爸爸从来没讲过财富是人生的终极目标，一次都没有。如果爸爸听到我妄言要拥有私人飞机或住在某个加勒比海岛，他一定会惊恐不安。有一次，他被问及希望把什么样的价值观留给自己的孩子时，他回答道："我希望他们不要成为物质商品的奴隶。我希望他们懂得品味美食、鉴赏好书、享受假期。这就挺好。如果一个人因失去物质享乐而痛苦不已，我认为这是一种被奴役的表现。"值得告慰的是，他已成功地把这些价值观传给了他的三个儿子。

公立学校并非百分之百的净土，学生中也有我爸爸担心的那种追求物质享受的思想。我离开西点格雷后到温哥华的温斯顿·丘吉尔爵士高中教书，该校学生的家境相对要差很多，但不少学生似乎也很热衷物质享受。

在温斯顿·丘吉尔爵士高中，有一次我听到一个学生对同学说：“我爸爸换了份新工作，刚刚买了一辆奔驰。”他看上去很得意，迫不及待地想炫耀一下。

“我们来谈一谈这件事，”我对他说，“有辆新车自然会感觉不错。可你别忘了，说到底这不过是辆车，一个把你从甲地送到乙地的工具。”我继续补充道：“你爸爸获得升迁，代价是牺牲了他的生活方式。他可能责任更大，但他承受的压力也会更大。你可能会发现爸爸对工作上的事更上心，他必须更加努力地工作，加班会更多。你是有了一辆好车，但你同爸爸在一起的时间却更少了。人生总是有得有失，你要好好想想什么才是你真正想要的。”

这段有关生活质量的感悟，我通过不同方式向很多学生讲过。我觉得，至少有一些学生听进去了。

我执教生涯中最值得纪念、最具震撼力的一刻发生在2001年9月11日。凌晨6点，我刚从睡梦中醒来就听见我的室友在敲我卧室的门：“快开电视！”他们冲我喊道。我一开电视就看到第二架飞机撞上了纽约世贸大厦。我连忙穿好衣服赶往学校，因为我知道班上的每个学生都跟我一样目睹了同样的电视画面。

“很显然，我们今天不会讲法语语法，”我对初三和高一年级的学生说，“我们说说几小时前刚发生的事吧。”

一个学生问：“是不是要爆发第三次世界大战了？”他提这个

问题有一定道理，因为当时的主流观点认为美国刚刚受到伊斯兰恐怖分子的袭击。也有学生说，他们认为发生在纽约的事件跟加拿大没有多大关系，其中一个问道："这次事件会改变我们的生活吗？"正好这时一架飞机从我们头顶上低空飞过，我们从来没听到过这么大的轰鸣声。这分明是架军用飞机，教室里顿时鸦雀无声。"你们刚才本能地感到恐惧，这对你们还是头一遭。"我对他们说。我们讨论了恐怖主义及反恐的必要性，也谈到不能因保持警惕就怀疑所有穆斯林。孩子们着实被所发生的一切吓坏了。作为老师，为了消除学生的恐惧，使他们重新回到正常的生活中来，我们尽力了。这段日子真不容易。

那天稍晚的时候，我接到格里·巴茨的电话，他当时和妻子约迪在加利福尼亚，正想方设法回到加拿大。由于美国的空域已对普通民航关闭，格里和约迪只能租车自驾返加。他们一路北上，开到离边境最近的小镇后，不得不还掉车，然后乘出租车奔赴口岸，我在那儿接他们。

我赶到和平门口岸时，那里已人满为患，汽车在美国一侧排成长龙，堵了好几个小时。格里和约迪拎着衣箱沿着公路一步一挪，一脸诧异地穿过边界，来到我的车前。寒暄过后，格里问："我们是不是该到海关办个入境手续？"我们下了车，在海关那儿转了半天才找到一个办理徒步旅客入境手续的人，他一眨眼工夫就办好了。我们开车离开时，我从后视镜看了一眼堵在路上的汽车长龙，想到车上一个个家庭，特别是车上的孩子，还要等上好几个小时甚至好几天，而我的朋友已步行跨过边界，仿佛边界根本就不存在。这件事突显了安全应急体系应对"9·11"的措施之混乱和匆促。

1.

2.

3.

4. 我的第一张正式肖像照，与母亲玛格丽特在一起。

5. 现在我可以想象爸爸妈妈初为人父人母时的感受了。

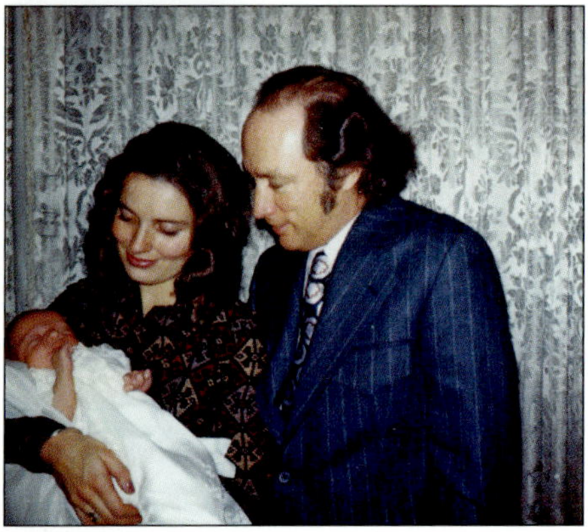

6. 那些说只有爸爸才会拿我们耍杂技的人显然错了，这就是证据。

7. 只要有时间，爸爸从不会错过与我们一起玩的机会，特别是在傍晚固定的家人聚会时间。

8. 妈妈喜欢到户外活动，萨塞克斯路24号对面的总督官邸是散步的极佳去处。

9. 我患流行性腮腺炎时，父母忍不住将我傻乎乎的样子拍下来。

10. 我们穿着奥什科什牌经典童装与外公吉米在一起。

11. 在哈林顿湖官邸的壁炉里面和周围，萨沙和我一玩就是几个小时。当壁炉没点时，我们喜欢玩烟灰罩。毫无疑问，父母不会喜欢我们的这种玩法，而且这样玩还会损坏家具。

12. 记得我当时曾认为这辆自行车是我拥有的最好的东西——大大的减震器和舒服的坐垫，而且怎么折腾都不会坏。自行车让我们可以在萨塞克斯路 24 号附近自由自在地游荡（后面跟着皇家骑警的安保人员）。

13. 1981 年，萨沙和我在渥太华见到了来访的罗纳德·里根总统。

14. 妈妈开心地和儿子们在维多利亚街 95 号的新家门口合影。她脸上的笑容表明她对搬进新家和与孩子们在一起有多自豪。

15.

15—16. 1980 年，爸爸带我去威尼斯的圣马可广场。几十年前，爸爸在我这个年龄时也跟爷爷来过这里。

16.

17. 这是爸爸担任总理期间我与他出国旅行时的又一个美好回忆。1982 年，爸爸在加拿大军队位于西德拉尔市的军事基地驾驶坦克，很难说我和爸爸谁更开心。照片中的其他人分别是：来自夏洛特敦的乔恩·麦金太尔中尉（左下）和来自多伦多市的联邦众议员罗伊·麦克拉伦（右上）。

18. 1982 年，红场入夜后空旷无人，第二天这里挤满了苏联军人和成千上万为勃列日涅夫送葬的人。

19. 我的变化真大……

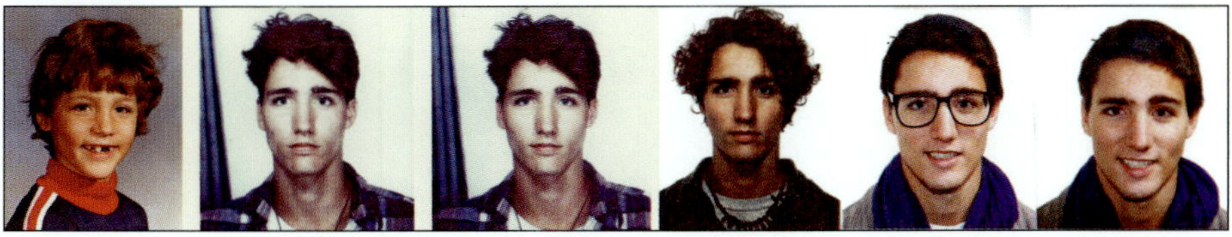

20. 即便父母离异后，我们一家仍常去樱花餐厅聚餐。这是我们与老板娘伊智麻舞的合影。

21. 肯帕一家与三个特鲁多小子组成了妈妈的新家庭，这是个大家庭。

22. 这是肯帕家族位于纽伯勒湖的别墅，我和弗里德、艾丽、凯尔在这里度过了许多周末和暑假，这里一直在我生命中占有重要位置。

23. 格里·巴茨和我坐在麦吉尔大学文学院大楼的台阶上。文学院大楼俯瞰校园和蒙特利尔市，是朋友聚会的绝佳地点。几年前，我们在麦大学生中心外的台阶上相识。

24. 这辆越野房车是 1994 年我们在非洲跋山涉水时的家。自驾游是了解非洲大陆的最好方式。

25. 1995 年公投那天晚上的笑容。我本想把手搭在这名警察的肩上照相，但他坚决地把我推开。

26. 同温哥华西点格雷学校的学生在一起。上世纪 90 年代末到本世纪初，我曾在该校任教。

27. 我和米歇尔在红河沿着我和爸爸漂流过的路线激水冲浪。

28. 我和米歇尔及他的爱犬马克瓦。米歇尔 1998 年遭遇车祸后，整个夏天在逐步恢复、重建与家人的联系和亲情。我后来发现这次见面竟是我和米歇尔的诀别。那年秋天米歇尔就离开了我们。

29. 这是爸爸唯一一次到可卡尼湖。当时是 9 月，我们失去米歇尔后不久。爸爸惊叹于这一片环抱自己最小儿子的美丽景色。

30—32. 索菲和我都喜欢探险和运动。她在政治上对我帮助良多，在各项运动中也是我的好对手。

30.

31.

32.

33. 我非常幸运有一帮好友，而且更幸运的是，他们都张开双臂欢迎索菲。图中从左至右分别是：伊恩·雷、格里高利·瓦永、马克·米勒、马修·沃克、汤姆·皮特菲尔德、格里·巴茨、我、谢默斯·奥雷根、阿兰·史蒂夫曼和凯尔·肯帕。纳维德·勒让德尔和萨沙也参加了婚礼，但不在这张照片上。

34. 索菲幸福美满的一家同样张开双臂欢迎我。

35. 2007 年帕皮诺选区提名大会是我作为政治家而不是看客参加的第一个重大政治集会。我非常幸运一直有索菲陪伴在我身边。这次更幸运，因为她正怀着格扎维埃。

36. 2007 年在萨沙和佐薇婚礼上的全家福。照片从左至右分别为：索菲、艾丽西亚、我妈妈、我、佐薇、萨沙和凯尔。

37. 这是我们第一次把格扎维埃带回家。这张照片抓住了每对新晋父母的心理特点（当他们意识到要对这个小生命负责，而且不会再有医院护士的帮助时）：紧张但很幸福。

38. 格扎维埃出生不到两年，埃拉－格蕾丝就出世了，给我们的家庭增添了更多欢乐。

39. 我们不经常带孩子参加政治活动。如果必须要带，我们总是力争在工作和花时间陪他们之间取得平衡。

40. 家庭时光对我的工作至关重要，始终提醒我人生路上的努力方向。萨沙和我及家人欢聚在一起，图中还有我的岳父母让·格雷瓜尔和艾斯黛尔－布莱·格雷瓜尔。

41. 妈妈高兴地给孩子们看一本有我们照片的杂志。孩子对家人时常出现在报纸杂志上总是特别惊奇。

42. 爸爸以前经常跟我们玩这样的特技，我想他也把这个习惯传给了我。我的孩子们好像也不介意。

温哥华是个美丽的地方，世界上的一切暴力热点地区仿佛都远在天边。温哥华——同加拿大大部分地区一样——容易让人产生安全感和超然世外的感觉。事件当天我认识到，在后“9·11”时代，面对全球性的安全威胁，世界上没有任何地方可以幸免。自那天起，许多国家，包括加拿大，取得了打击“基地”及类似组织的节节胜利，但威胁依然存在。我要求学生永远不要忘记2001年9月11日噩耗传来时他们身在何处。“9·11”不堪回首，但唯有铭记这场悲剧才能始终保持反恐的高度警惕。

第四章

树林美丽、昏暗、幽深

1998年11月，我在科奎特勒姆的松树中学做了一周的代课老师。科奎特勒姆在温哥华以东，车程半小时。班上的学生很可爱，代课结束时我很舍不得离开他们。13日周五那天和他们告别后，我驱车返回公寓，吃完晚饭就上床，很快就睡着了。殊不知，那天早些时候我失去了最小的弟弟米歇尔。

第二天早晨5点我的电话忽然响起，是妈妈打来的，说发生了一起事故。我从她颤抖的语调中得知事故与我的一个弟弟有关。我发现有些老套的词语刚好能描写出我当时的反应：眼前一片空白、心情沉重、浑身冰凉。“我们还不确定，因为他们还没有找到他，”母亲说道，“但皇家骑警刚刚告诉我们，米歇尔在可卡尼湖附近的山上遇到了雪崩。”

米歇尔出事时正与朋友在不列颠哥伦比亚南部内陆区玩荒原滑雪，这是他生前最大的爱好。那天，当我站在黑板前给学生上课时，可卡尼湖畔的山上发生雪崩，雪崩把正在陡峭山坡上穿行的弟弟和他的一位朋友卷到可卡尼湖里。他的朋友安迪最终游上了岸，但米歇尔落水的地方离湖岸太远。米歇尔另外几个朋友花了好几个小时才从雪堆里爬出来后，马上联系了皇家骑警。那天，我和住在东部的其他家人同往常一样，各忙各的，谁都不知道所发生的一切。

朦胧中我仍相信米歇尔还活着。我无法想象一个没有他的世界。

一种负罪感涌上心头。米歇尔到冰川上干什么去了？身为他的哥哥，为什么我没能保护好他？我俩住在同一个省，我真应该多去看看他，多给他打打电话，多关心关心他，或干点什么使他远离威胁。

米歇尔那一年本就不顺。春季的一天，他开车穿过曼尼托巴省回家时，一名司机驾车心不在焉从而引发了车祸，米歇尔的卡车被撞成一堆烂铁，好在他本人死里逃生。他十分担心事故中走失的爱犬马克瓦，一周后爱犬才找到。俗话说祸不单行，警察赶到事故现场后在米歇尔汽车的杂物箱里发现了大麻，米歇尔因此被指控。也许是因为经历过生死一线的恐惧，米歇尔当年整个夏天一直忙着与家人重新建立联系，重建因距离和忙碌而一度疏远的亲情。

秋天来临，我们三兄弟再次各奔东西，那是我最后一次见到米歇尔。他在罗斯兰的滑雪场工作，我们离得并不远。

就在他去世那周的周一，我曾经与他通过电话，主要是因为我觉得对他有所亏欠。10月初他生日时我没能给他打个电话，我内心一直自责。我的一个女性朋友劝我说，都是一家人，什么时候联系都不晚。她说得没错。我当天就给米歇尔打了电话。我们谈得很愉快，聊了很多事，一如兄弟之间的你一言我一语。我印象最深的话题是他计划在那周晚些时候到可卡尼冰川待上三天。

“今年滑雪季才刚开始，”他说，“所以我们必须小心。”

“没错，这个季节你一定要特别小心。”我强调说。口气坚决，透出一种担忧的父母和兄长式的关心。他听后大笑。他明白我对雪崩的危险及如何采取应急措施知之甚少。我只知道他要去山地滑雪的那个地区有发生雪崩的危险。米歇尔去世后，我成为加拿大雪崩基金会的董事，学习了很多关于雪崩的知识，同时力争更多人为基金会捐款，用于支持宣传雪崩防范意识。

米歇尔失踪的消息传开后，全国的新闻媒体拥向罗斯兰，希望从每一个认识米歇尔的人口中打探到一些信息。所有媒体评论如出一辙，称迈克（媒体都这么称呼他）是个无忧无虑的年轻人，很招人喜欢，脸上总是挂着微笑，喜欢吃喝玩乐。他们没想到这位受人喜爱、从不自命不凡、酷爱荒原滑雪的年轻人竟是前总理的儿子。

米歇尔的生活离不开白雪、空气、高山和身边的朋友。他痴迷加拿大最美丽的地方孕育的原住民文化，他无拘无束、与世无争，至今萨沙和我都无法理解他何以心静如水。

我订好飞往蒙特利尔的早班航班，然后打电话给父亲，告诉他我马上就回来，问他是否有消息。父亲从不会自欺欺人，这时候也不会。“没有消息，”他难过地答道，“不会再有消息了，因为米歇尔已不在了。现在唯一的问题是他们能否找到米歇尔的遗体。”

米歇尔去可卡尼探险，是因为那里有他神往的东西：远离人烟的荒野、美丽无边的风景、充满挑战的雪道，以及躁动的世界中难得的一片清净。对米歇尔而言，身披明媚阳光从可卡尼湖上方的冰川滑行而下，好似走近天堂。可卡尼湖是高山上的一颗宝石，长 1000 米，宽 400 米，深不见底，四周是悬崖峭壁和落石留下的大片危石。我现在终于明白为何米歇尔如此钟情可卡尼湖。他很可能考虑过雪季初期冰雪融化的风险，尽管他对我的担心付之一笑。对他来说，危险何所惧！他如欲挑战自己的滑雪技术，满足自己的冒险乐趣，无论什么情况都不会却步。是的，他的确没却步。

加拿大这一带地区山路崎岖，给探险者带来很大风险。米歇尔大概早已接受存在风险的现实，但这里的山山水水让他感觉很亲切。他去世前几年曾看过一部介绍亚洲丧葬仪式的纪录片。我记得他漫不经心地看着电视时，突然冒出一句："轮到我时，就把我留在山里，让我在山脚下安息。"他说话时语调十分平静。

可卡尼湖位于山脚，雪崩将米歇尔掀翻，推到湖底。如果季节再晚一些，湖水就会结成冰，即使出现小范围的山雪滑坡，他和那几个哥们儿仍可从湖中央的线路安全处进行观察。他还真有先见之明：潜水员永远不会找到他的遗体。他至今还躺在湖底。

米歇尔一生的道路都是他自己走出来的。萨沙和我选择到麦吉尔大学读书，留在父亲身边，米歇尔却选择一路东行到哈利法克斯，在达尔豪斯大学学习微生物学。从哈利法克斯，他又前往西部，寻求一种不再被他人的期望所累的新生活。

我大三那年，曾驱车去过一次达尔豪斯大学，与米歇尔待了一段时间。童年时我俩亲密无间，但他上大学后，我们的关系变得有些疏远。在哈利法克斯，他频繁出入各种聚会，或许是为了借此摆脱父亲和兄弟对他的影响。这次见面后我才明白，他就是想打造一个完全属于自己的形象。

我思念他。我会永远思念他。米歇尔去世时只有23岁，但他已经找到了自己的宁静归宿，一个只属于他自己、我们一辈子都无法接近的空间。如果米歇尔今天还活着，我相信他一定是个有儿有女的父亲。索菲和我还有我们的孩子会在圣诞节前夕去看望他和他的家人。米歇尔很可能已经开始了自己的滑雪旅游事业。他喜爱这项运动，我相信他也有商业头脑。闲暇时，他会选择画画或写作来展现他的创作天才。无论他选择做什么，他都会乐在其中，这是他的天赋。

在得知失去米歇尔的那天下午，我推门走进父亲在蒙特利尔的住所，紧紧拥抱了父亲。我们还没说上几句话，电话铃就响了。父亲起身要去接，我拉住他，说："别接。这正是我回来的原因。"

米歇尔去世的消息很快传遍全国。父亲为儿子的去世悲痛不已。当天晚上，我大部分时间都在接家里朋友打来的哀悼电话。接下来的几天，电话仍然不断。他们的慰问发自肺腑、感人至深，抚慰着我遭到重创的心灵。我需要尽到我的责任，帮助父亲度过他人生中最艰难的时刻，同时也可借此减轻自己的痛楚。萨沙得知噩耗时，正在北极拍摄纪录片。他飞到不列颠哥伦比亚省，作为全家代表参与巡警和潜水员在可卡尼湖的搜寻工作，并代表我们全家特意向每一位搜救者表示感谢。母亲伤心欲绝，在渥太华的家中与弗里德、凯尔和艾丽相互慰藉。

我在蒙特利尔陪父亲，帮助安排圣维亚特教堂为米歇尔举行的追悼会。这些活动让我连续几天一直处于忙碌之中，但失去弟弟的现实使我终日心情沉重。追悼会上，萨沙致悼词，悼词凄美、令人心碎。我无法用语言来表达我的悲痛，所以读了一篇米歇尔生前喜爱的原住民祈祷词。

追悼会后在皇家山俱乐部举行了一次招待会，会上米歇尔生前的好友播放了一段纪念弟弟的视频。皇家山俱乐部建于“蒙特利尔镀金时代”，内部装饰豪华。在这样的环境纪念既活泼又叛逆的米歇尔，我起初感觉气氛很不协调。根据皇家山俱乐部的着装要求，来宾要着定制粗花呢西装、系意大利丝绸领带。但随着米歇尔生前好友的陆续抵达，你会发现，这样的着装规定已被抛到九霄云外。米歇尔来自达尔豪斯大学、阿赫麦克夏令营和西部的朋友就穿着平时的衣服，但没有谁对此发出抱怨。招待会气氛悲伤、凄美，到处飘散着薄荷香精的味道。置身于深爱米歇尔的人之中，我破碎的心开始有了些暖意。

之后的几周时间里，萨沙成了我父亲的首要精神支柱。我回到温哥华，继续教师的工作和生活，努力逐渐忘却悲伤。但圣诞节时传来了更坏的消息，父亲因患严重肺炎被送进医院。

这至少是医学诊断的结果。我个人认为，米歇尔离世后，父亲心灵中的那盏灯开始慢慢暗了下来。几周之后，他肺炎痊愈，后来他还有过几次旅行。但从我们安葬米歇尔到父亲去世这两年间，父亲已不再是以前的他了。

母亲承受着丧子的巨大悲痛，身心交瘁。她的心理健康问题时隐时现。米歇尔去世后的五六年里，母亲经历了一段极为艰难的日子，全家人都不遗余力地帮助她。

米歇尔的去世及其带给父母的冲击对我产生了深刻影响。我整日陷入沉思。米歇尔的离去、母亲承受的煎熬和曾经不可战胜的父亲的每况愈下，让我度过了一个又一个不眠之夜。我寻求信仰、治疗等多方面的帮助，也都如愿以偿，但最重要的帮助来自我那些不离不弃的好朋友。从那时起，我明白了一个道理：友谊不仅是共度美好时光、共同享乐、共同探险，更是在最困难和最孤独时的相互陪伴、共同厮守。曾经的黑暗让我明白，有这样一些了不起的人做朋友，我自己是世界上最幸运的人。

在父亲生命的最后一年，他变得忧郁、现实，对人的死亡和灵魂归宿这类永恒问题有所感悟。他有时似乎嗔怪上帝，不明白为什么上帝带走的是他充满活力的儿子，而不是他自己。这让他的信仰产生了动摇。记得有一天，他对母亲说："如果没有来生，那我此生的所作所为还有什么意义？"这可能是父亲说过的最悲观的话了。

这段时间，我开始重新审视自己与上帝的关系。父亲一生都是虔诚的天主教徒。当我们还是孩子时，只要他有空就会在周日带我们去教堂。成年后我开始学着他的样子去做礼拜。随着我渐渐长大，我越发感觉礼拜仪式形式大于内容。也许是我太幼稚，无法理解这些仪式的重要意义吧。周日，孩子们穿上自己最好的衣服到教堂参加礼拜，但孩子终究还是孩子。萨沙、米歇尔和我跟随父亲到教堂做礼拜时，为了打发无聊时间，我们总是想方设法把对方逗笑，自己却装出一脸严肃的样子。

我 18 岁时曾与父亲就自己对宗教的态度进行了一次长谈。我告诉他，我相信上帝的存在，也相信所有主要宗教主张的价值观和原则。我现在依然相信。但天主教教义让我很纠结，特别是所谓不虔诚信奉天主教的人就不能进入天堂的说法。这种说法很怪，我无法接受。对于我的质疑，父亲回答说："你必须自己做出选择。"这说明他对我的态度很满意，因为我至少还有基督教的底子，今后仍可能回归教义，如果我真这样选择的话。

米歇尔的去世使父亲开始怀疑自己的信仰，但对我的影响恰恰相反。在精神痛苦的煎熬中，我突然得到一种启示：尽管苦海之中我们要经历磨难，也会感到困惑，但茫茫宇宙中确有我们无法解释的神明存在。这一顿悟赋予我一种神奇的力量，使我感到：我和所有人的生命都掌握在上帝手中。我谈这种认识不是为自己开脱，更不意味着我不用为更加美好的世界和自己的不断完善而努力。相反，这种认识让我得以更好地面对自己无法改变的事情，包括死亡。这种认识也增强了我对基督教精髓的信念，直至今日也未改变。

米歇尔的去世让我经历了一场精神危机。危机中，我和一位美裔加拿大人玛利亚姆·马托西安成为了朋友。当时她还是一名教师，后来成为一名成功的民谣歌手。玛利亚姆和我建立起了真正的友谊，我们经常交流，讨论最多的是信仰问题。我是一名不虔诚的天主教徒，而她是一个心生怀疑的福音派基督徒，我们都在经历一个自我反思的阶段。

玛利亚姆曾邀我和她一起参加一个基督教启发课程。课程的目的是从基督教的视角讨论人生意义，继而给学员提供指导。起初我有些犹豫，因为我怀疑这种课程可能含有诱导参加者改变宗教派别的内容。结果，我发现不是这种情况。相反，课程帮助我们学会谦卑，承认我们无法凭一己之力迎接人生中最困难的挑战。我们时常会需要上帝的帮助。我很清楚，我当时就正在经历这样一个阶段。课程让我迎接上帝步入我的生活。

2000 年 9 月我父亲去世时，正值悉尼奥运会。每当我回想起父亲去世第二天加拿大国旗在奥运村降半旗的那一幕，我都会眼含泪花。国际奥委会副主席迪克·庞德在电视上说他的朋友皮埃尔·特鲁多“不会再老了”，他的话很好地诠释了父亲生命的终结。爸爸成年后一直是出色的户外运动家，几乎任何障碍他都能够克服。他七十多岁到加勒比度假时，因一脚踩空造成膝盖骨断裂。手术后不到几年，他就再次踏上惠斯勒的黑钻滑雪道。我们在家经常说起爸爸的一个笑话，爸爸每次去电影院，都会坚持要老年人打折票。把爸爸看成传统意义上的老年人很可笑，爸爸是我认识的精力最充沛的人，可他却突然弃我们而去。

几年前，我快25岁时，因一个好友一再坚持，我和父亲进行了一次“最重要的谈话”。虽然他那时依然精神矍铄，但作为长子，我感觉有必要和父亲认真谈一谈他生命终结前后的安排，而且越早谈越好。我问他需要什么照料，生活不能自理时希望他人多大程度上介入他的生活。他说要与他父母和祖父母一起葬在圣雷米小镇上的家庭公墓。对很有可能为他举行的公众悼念活动或国葬，他说只要在蒙特利尔举行，他自己不会介意。

对我而言，与父亲的这次对话并不容易，他对此也有些茫然。我想，这样的对话对任何一个父母年迈的人来说都不会轻松。有些成年子女对父母终有一死的现实非常纠结。但总的来说，我感觉很幸运，我和他们不一样，我来见父亲不是寻求感情上的宽慰。我们谈得非常务实，就事论事。能在父亲一病不起前同他有这样一次交谈，意义非常特殊。

在我全部有关父亲和我们关系的记忆中，最温暖、最深刻的记忆是他去世前一年来温哥华看望我。我当时正在温哥华的西点格雷学校教书。记得那是一个周五，在安静的午餐时间，他很高兴与我的教学同事见面。我陪他参观了校园，向他介绍自己任教的班级和教学的具体工作。这种感觉真好。

我们准备离开学校大楼时，听到身后一阵急促、越来越近的脚步声。爸爸和我转过身，看到我一个学生上气不接下气地朝我们跑来。她来到我们面前时，突然紧张起来，叫了声："特鲁多先生……"

我见过太多这样的情景。我陪爸爸出行，每到一处，总有追星的孩子和大人会拥到他身边，索要签名、同他握手或要求合影。每当父亲礼貌地满足他们的要求时，我总会默默微笑，同时退后几步。那次我也是这么做的。

但这个女孩也许是出生在父亲著名的"雪中散步"那一年，她都没正眼看他一下，而是对我说："特鲁多先生，我只是想告诉你，下午的法语课我会迟到一会儿，因为我要在健身房帮忙。"我点了点头并感谢她。她没多说一句就转身快步离开了。

这件事让我感到一丝尴尬。这名学生来自移民家庭，她父母随着新移民潮来到我们国家。他们得益于我父亲任总理期间实行的开放政策，在加拿大站稳了脚跟。可现在他却被视为无名路人。我低着头转向爸爸，不知道该说什么。

让我高兴的是，他报以灿烂的微笑。多年来，父亲因做过的许多事情，得到了众人的肯定和感激，倒也不需要再多一个加拿大年轻人来表示认可。相反，看到儿子作为年轻人的老师，继承了家族为加拿大服务的传统，他身为父亲感到非常自豪。现在，对年轻一代的孩子而言，我，而不是皮埃尔·艾略特，才是"特鲁多先生"。他为此感到骄傲。这是我们父子俩共同经历的一个温暖时刻。

但这样的温暖时刻已经不多。2000 年春天，当我马上就要结束西点格雷学校的学年时，萨沙打电话告诉我，父亲快不行了。他之前一直患有帕金森症，还得过一次肺炎。我对自己说，他一定能挺过来。尽管父亲很坚强，但他并非坚不可摧。萨沙还说不久前爸爸被诊断出患有前列腺癌，但爸爸已决定不再治疗。目前看，他的病情好像已进入晚期。

“说什么呢？”我几乎在电话里喊了起来，“为什么之前不告诉我？”

萨沙解释说是爸爸命令家人不得把实情告诉我。父亲清楚，一旦我知道他的病情，我肯定会放下在温哥华的所有事立刻赶回蒙特利尔。他不希望我在学年结束前丢下学生。我知道父亲是在尽量为我考虑，但还是很生气。我头脑不理智的那一面认为，我如果早些知道，或许可以挽回一些不可挽回的事情。我冷静下来后，收拾好行李，坐上飞往蒙特利尔的航班，又是一次漫长、悲伤的航程。我希望静静地陪在父亲身边，共度夏日，为他朗读他最喜爱的莎士比亚、拉辛、高乃依的戏剧。

米歇尔的去世来得突然，让人震惊，而父亲走向死亡的过程则相对缓慢。日复一日，萨沙和我守护在父亲身旁。9月底一个安静的周五下午，他走了。

悲痛之余，我还想到父亲去世的消息一经公布，我们必须应对媒体的密集关注，我们在松树大街的住所会被大批记者包围，几周前爸爸病情恶化的消息刚一传出，我们家就被围过一次。在这样一个本不该被外人打扰的时候，我们每次进出却都无法回避媒体的围追堵截。萨沙选择一直守在家里，但我拿起了电话。

我打给老朋友特里·迪蒙特，他是蒙特利尔一家广播电台的主播。我告诉他本周末我会去他家躲两天。我觉得这想法不错，可以躲到任何一家媒体都无法打扰到我的地方，而这个地方恰恰属于他们中的一员。在接下来的几天里，除了与弟弟、政府礼宾官及父亲生前的心腹朋友一起在市中心开会讨论国葬的具体细节外，我得以在平静的环境中、在最亲密朋友的陪伴下，逐步平复自己悲痛的心情。

也是在那个周末，我完成了悼词。考虑到报纸和电视上悼念父亲的文章和节目会充溢着父亲政治上的成就，我更想在悼词中向公众介绍他们曾经目睹但未必真正了解的父亲的另一面：他是一位伟大的父亲。我的朋友们帮我回忆起一些故事，作为悼词的基础。我在悼词中多次提到加拿大的价值观和愿景，称它们不仅塑造了一代人，也对他的儿子产生了重大影响。面对全国各地源源不断的同情和支持，我想最后大哭一场，让这一切慢慢淡去。

周二早上，我动身前往蒙特利尔圣母大教堂参加追悼仪式，脑海里浮现出了莎士比亚。我想到了那些“阁下大人”，他们是父亲生前的政敌，也想到了“赞颂”或“埋葬”。我心血来潮，决定以绵里藏针的方式发表我的悼词，算是某种警告吧，至少现在我可以这么承认，但当时我确实没想太多，只是觉得就该这么做。

至于如何结束悼词，我想只有一种方式，就是告诉爸爸和全世界，我爱他。

永远爱他。

2000 年的秋天，加拿大失去了皮埃尔·艾略特·特鲁多。萨沙、莎拉和我失去了父亲。虽说父亲已让我们做好了面对不测的准备，可谁又能真正准备好失去父母？没有人。丧父丧母是生活带给我们的最大变故。父母是每个人心中的太阳系中心，成年人也不例外。爸爸有比常人更大的引力，他的离去必将长时间留下一片空白。

绝大多数加拿大人都对我和我的家人表示同情和抚慰。他们，几乎无一例外，让我们感受到亲切和温暖。我对此永远不会忘记。没有多少人能在失去父亲时得到超过3000万人的关心。但随之而来的变化无法抵挡。爸爸淡出公众视野时，我才13岁。我在青春年少时默默无闻，但自从父亲的葬礼后，我走在街上会马上被人认出。

我真真切切感受到了父亲的永诀，这是一种切肤之痛，但与此同时，也是一种解脱。我在纪念父亲的悼词里曾说："父亲不在了，现在要由我们，我们所有人，来实现他所坚持的价值观。"回想一下，我当时的建议既是给我自己，也是给其他人的。

人们常常问我，是否对父亲不能在身边随时指点感到遗憾，特别是在我循着他的足迹成为自由党领袖后。同所有失去父母的人一样，我怀念父亲，但不是因为我需要他继续指点。我和父亲之间的关系亲密、深厚。他在世时已经把他的价值观、他的思路、他的激情传授给我，教导我要理性、负责和严谨。正因为如此，我感觉，无论遇到什么事情，只要静下心来就能听到他的声音。

他的精神常在，永远激励后人。

第五章

改变人生的两个决定

父亲去世后，我并不想涉足政治。我想回温哥华继续教书。我无法接受，父亲——我生命中举足轻重的人——已离我而去。

葬礼之后的几天里，我依稀记得曾有人劝我为自由党竞选，但我明确表示对此毫无兴趣。我珍视自己的教学事业，也擅长此道，教学生涯使我改变了许多。也许将来有一天我会步入政坛，但这必须按我的想法来。我与传统的政治圈子格格不入。我十分清楚，我的姓氏比我说的话、做的事有分量得多。我从来不是青年自由党人，也没参加过自由党大会或其他活动。那个圈子对我根本没有吸引力。

我回去继续教书，淡出公众视线，回归自己的私人生活。我利用自己的新公众形象宣传我所信仰的事业，比如雪崩安全等，但大部分时间里还是要想办法保持低调。

我父亲的老朋友雅克·埃贝尔推荐我加入卡提马维克基金会董事会。该基金会是他上世纪 70 年代末推动建立的加拿大全国青年服务项目。说真的，我有点儿惊讶这个项目居然延续至今。我记得，马尔罗尼政府曾想砍掉这个项目，当时雅克还是参议员，他为此进行了激烈的抗争。在我任教的高中里，我看到学生们的确存在精神空虚的问题，我意识到青年服务有助于解决这个问题。年轻人将有机会广泛接触社区并作些贡献，这会让他们认识到马上就能身体力行地以积极的方式改变世界，而不必等到成人以后。

在卡提马维克基金会项目中，青年志愿者为非营利性机构工作，参加使用第二官方语言的教学课程，了解自己应该承担的环保责任，熟悉加拿大文化，锻炼领导技能。每年有一千多名加拿大年轻人住在遍布全国的卡提马维克基金会的营地里，为五百多家合作伙伴机构贡献力量。该基金会设立以来，参加的年轻人超过 3.5 万名，覆盖的社区超过 2000 个。它对这个国家产生的巨大影响不容低估。参加者会在一年里去三个不同地区，与全国各地的年轻人共度美好时光。除了认识志愿服务和公民参与的价值，他们还能增进对加拿大的了解。实质上，卡提马维克基金会的项目让加拿大年轻人通过一次改变一个社区的方式来建设一个更好的国家。

让我最感挫败的是，每年申请参加项目的人数众多，可我们只能资助其中的十分之一。数以万计的加拿大年轻人愿意为国效力，他们当中不少人还没明确高中毕业之后的人生规划，可我们得在十个人里刷掉九个。每个参加过卡提马维克基金会项目的人都会说这是一段改变人生的经历。像加拿大这样一个成功的国家此前居然不去选择帮助本土组织，给年轻人提供更多的机会，让他们成为积极向上、心系社区的公民。我想要修正这一点，我迄今仍在这么做。

又在西海岸过了一年多，我准备返回家乡魁北克。我爱温哥华，在那儿有一大帮朋友。我也爱那里的山和海，爱那里的生活方式。但我已过而立之年，开始感到是时候安定下来，或许也该成个家了。我无法想象这会发生在蒙特利尔以外的其他地方。

我怀念说法语的日子——光教法语还不够，我很难想象和一个语言文化背景不同的人共度余生。我也想妈妈，觉得应该帮帮她。经受了家人相继离世的打击，她正承受着心理健康失控的极度煎熬。我住在远隔千里的温哥华，深感对她的照顾心有余而力不足。

在蒙特利尔找份教书的工作远比我想象得复杂。我在不列颠哥伦比亚省的执教证书需要重审，才能通过魁北克省的认证。在此过程中，我决定改变一下生活的节奏。2002 年秋，我开始在蒙特利尔大学理工学院学习工程学，借此发展自己的科学技能。我一直喜欢工程学，把数学和自然科学实际应用于真实世界对我很有吸引力。解答逻辑谜题和数学问题一度是我青年时代最美好的记忆，我非常珍视这次重新开始接受智力挑战的机会。

我很高兴，没人想到我会这么做。至少那些不十分了解我的人完全想不到。自从父亲的葬礼过后，他们一直在关注我步入政界的蛛丝马迹。我走的这一步出人意料，也算是对他们的蔑视。

我在理工学院学习期间，遇到了索菲。

2003 年 6 月，有人找我给星光儿童基金会的庆祝活动帮忙。这是个大工程。托尼·贝内特负责音乐娱乐部分。贝琳达·斯特罗纳克抱着普林斯·安德鲁参加。我和其他两个人共同主持那晚的节目，一位是媒体人西娅·安德鲁斯，还有一位是迷人的魁北克省电视广播主持人。我觉得自己以前见过她。她叫索菲·格雷瓜尔。我发现很难把目光从她身上移开。为何她如此面熟？

最后，我们终于有机会聊了两句。索菲回答了我的问题。她曾是我弟弟米歇尔的同学，以前见过我几次。我们之间相差四岁，对十几岁的孩子来说，这是很大的差距。我一直记得她的面容。当然，到了现在，四岁的年龄差距根本算不了什么。

索菲从三年级开始就认识米歇尔了。那时他们在蒙特利尔的蒙特耶稣玛丽学校上学。后来，他们在布雷伯夫学校又有交集。索菲那时曾和米歇尔的密友约会。在索菲眼中，米歇尔是个心软的叛逆者，热爱户外运动，憎恶拉帮结派。我深知布雷伯夫学校是个势利场，但米歇尔却为自己赢得了反抗势利的美名。

米歇尔过世已有五年，可我的悲痛仍未消逝。（我还在等着……）不过，我的伤口已在愈合，足以和索菲一起笑着追忆米歇尔高中时的精灵古怪，而不至于失控痛哭。

那晚，索菲和我共度了一段美好时光，尽管托尼·贝内特表演时，几个喝醉的客人很难安静下来。事实上，我们交流分享了各自的无能为力。我们那晚一直在聊天调侃。庆祝活动结束时，我已明白她是个非常特别的女人。那晚过去了。她走了。

几天后，她给我发了封简短的电子邮件，说那晚见到我很高兴，还祝我一切顺利。收到她的消息，我很欣喜，可又十分情怯，没有回信。我已经感觉到这次相遇不同寻常，这个女人非同一般，只是相约见面喝杯咖啡，也很可能让我们的感情快速升温，并让我们情定终身。

我告诉自己，如果这是命中注定，那它必会发生，无须急于求成。果真如此。几个月后的 8 月底，当我走在圣洛朗大道上时，突然从另一方向传来一个声音：“你好，贾斯廷！”

索菲！我转身向她跑去。她就抱着双臂站在那儿。我未及细想便脱口而出：“对不起，我没回复你的电子邮件！”

她挑了挑眉毛。也许她并没觉察出来，可我知道自己看上去就像一个刻意忽视她的坏蛋。

“我会补偿你的。我带你出去吃饭吧！”我提议。

“给我写信，然后再说。”她随意给了我个答案就走掉了。

我们通过电子邮件和电话聊了几周。我一直坚持约她吃饭，索菲最后终于同意了，可她提出要选一个我俩都没去过的地方。因为要离开我的舒适区域，我给萨沙打了个电话，他的品味总是比我更大胆。他建议我去德卢斯的阿富汗餐馆“开伯尔山口”。索菲喜欢这个主意。接下来的一周，我俩进展顺利。她告诉我她的公寓在哪儿，“就在皮埃尔·艾略特·特鲁多玫瑰花园前面”。她热心地告诉我，说话时还眨了下眼睛。我从没对她承认过，可我当时就决定必去拜访。

我没有真的驾着四轮马车出现在她门前。我开过几年大众的捷达 TDI。我住在不列颠哥伦比亚省的时候，那辆车忠诚地载着我往返于温哥华与蒙特利尔。可它那年夏天已经被盗，我却没下决心买新车。我一直开着米歇尔的旧福特烈马。它寄托着我的感情，除此之外并无其他。米歇尔出事后，它曾在可卡尼冰川顶上伐木道路的冰雪下埋了一冬。我想了许多办法，就是没法除去它的霉味儿。索菲没有抱怨，可她的确为此取笑过我。

晚饭时，她和我谈天说地。聊着聊着，我们总会绕回米歇尔、我父亲以及我们关于 20 世纪 80 年代的共同回忆。索菲不仅在小学时就认识米歇尔，而且和萨沙也有交集——他们有共同的朋友，经常一起滑雪。

我们的生活曾是两条平行线，现在终于交会在一起。被一个女人吸引，总会有些原因，她要么机智，要么沉着，要么精明，要么漂亮。索菲拥有所有这些优点。我俩也都喜欢我们谈情说爱的方式，索菲现在把它叫作“美好的局促不安”。然而，如果你心仪的对象不理解你的本质，那么表面上的吸引力根本不够。很大程度上，我生命的推动力来自我的家庭，我再也见不着的父亲和弟弟。索菲在我生活更幸福的时候就认识了我的家人，我被这个不可思议的女人强烈吸引绝非偶然。

最持久的爱情由植根于彼此交融的过去的所有事物织就，包括共同的价值观和文化。这些事物无须言喻，也无法言喻。这使得遇到索菲不同于结识新人，更像是发现一个生命中的老朋友和梦中人。正因如此，那天和她共进晚餐后，我开始意识到，自己回蒙特利尔就是为了索菲，尽管此前我都不知道她的名字。

我不想用过度浪漫的表白吓跑她，把事情搞砸，所以我试着保持基本的冷静。晚饭后，我们沿着亚瑟王子路的人行道漫步，边走边找冰激凌店。索菲说:“我们去唱卡拉 OK 吧！来吧，会很有趣！”

卡拉 OK 风潮已经不再，大多数流行酒吧早就把设备卖掉了。不过，我曾在蒙塔涅路看到过一家亚洲店还在为业余歌者提供服务，所以我们开着烈马去了那儿，定了间私人包厢，坐在一起唱电影《红磨坊》的配乐。索菲的歌声十分曼妙，我则唱得一般。这没关系。我彻底被她迷住了，明显感觉自己轻松惬意，我以前极少允许自己这样放任情绪。一时间，我觉得自己既脆弱又安全。所有喜悦之情汇集在一起，让我失去了平衡，我真的撞上了酒吧外面的路灯柱子。（那是我们第一次约会，我无法说服索菲相信我并非笨手笨脚之人。之后好几年我再没做过类似的傻事，这才让她弄明白我那晚的状态。）

我俩回到我的公寓，坐在长沙发上聊到凌晨。我们敞开心扉畅谈，心也贴得越来越近。最后，我们聊到了各自悲伤的秘密。

索菲告诉我她上高中时与贪食症的战斗和她作为家中独女所经历的孤独。我则把自己乱糟糟的童年讲给她听。

当我们的首次约会渐近结束时，一个激动人心的想法席卷了我，索菲将是我约会的最后一个女人。这感觉如此强烈，我真的说了出来:“我 31 岁了。也就是说，我已经等了你 31 年。既然咱俩打算共度余生，那我们能不能跳过男女朋友的阶段直接订婚？”强烈的情感让我们两个人同时又哭又笑。此刻，我们两个人心情激越，心境澄明，一时竟相对无言。我开车送她回家，一路满心都是话却什么都没说出口，心里觉得很轻松。

我讲这个故事时曾多次说到，过了几周，索菲才意识到我是认真的，又过了几周，她才意识到我是正确的。但于我而言，那时的决定是完全明确的，我对事情将如何进展了然于心，信念坚定。

我的朋友和家人非常喜欢索菲。我也爱上了她的父母。之后的一年，索菲和我在范霍恩大道附近合买了一所公寓，我生平头一次和女朋友一起乔迁新居。我们一起旅行，在体能、精神、情感和智力上彼此挑战，借由对方发掘真实的自我。

索菲拥有我所见过的人中最多彩、最能言、最激情、最渊博的心灵。她个性复杂，充满矛盾。她是超级滑雪高手，足以应付雪山上最艰难的起伏，却保持着温和与优雅，闪耀着母性的光辉。艺术的创造力、幽默感、极强的自律性和专注力在她身上完美融合。她是独生女，却总对他人心怀好奇和关注。她的脆弱情感、聪颖心思和敏锐直觉都招人喜欢。我对她的爱也与日俱增。

2004 年 10 月 18 日，我把她带到圣雷米我父亲的墓地。我静静请求父亲的祝福，那天正是他 85 周年诞辰。几小时后，在蒙特利尔老城酒店烛光摇曳、玫瑰满屋的漂亮房间里，我请求她嫁给我，这样我们就能在一起共建生活了。

此前那个周末，我曾去索菲父母在城北劳伦特圣阿黛拉的家里拜访过他们。为了体现老式的尊敬姿态，我和她父亲在林间散步时，我真的在他面前单膝跪倒在湿漉漉的落叶里。我请求他同意把独生女嫁给我。带着他一贯用于掩藏敏感的独特而生硬的幽默，他说："是，当然，当然。现在，起来吧！你的裤子要湿啦。"

在壁炉前，我拿着戒指向索菲求婚，它装在一个萨沙给我为此准备的俄罗斯古董漆盒里。这是个很好的姿态，是我弟弟对我让索菲加入我们家这一选择的欢迎。我永远不会忘记那一刻，时间都静止了，我等待她的回答。等待着。她微笑着，似乎在点头。她眼中的泪光和我眼中的泪光交相闪烁。最后，我不得不催她给个明确的答复。不到一年，2005 年 5 月 28 日，我们在奥特蒙特区的圣马德琳大教堂举行了婚礼。我们宣誓陪伴在彼此身边，福祸与共，甘苦同享。

我们的婚姻并不完美，经历过起伏。但索菲一直是我最好的朋友，我的伙伴，我的爱。我们彼此以诚相待，即使有时因此受伤。她制约我也激励我，挑战我也支撑我。有时候，她给予我奋斗的力量，有时候，她劝慰我停下来稍事休息。我们有幸相携走过此生的旅程。即使时运变幻，我们的爱也会提醒我们什么才是真正重要的。

在理工学院待了几年后，我认识到自己有兴趣沉迷于智力活动。可我从没想过要当专业工程师。我意识到，我做的其他事情不仅占据了我更多的时间，而且更适合我原始的技能和兴趣。

那时，我在卡提马维克基金会董事会当主席。这个职位的工作包括成功促使让·克雷蒂安的自由党政府将资助提高到每年2000万加元并持续拨款，以及赴全国各地的高中宣讲社区服务和志愿服务的意义。

我还是加拿大雪崩基金会董事会的成员。我在西部各地滑雪场搞活动，以此降低雪崩造成的损失；向不列颠哥伦比亚省和阿尔伯塔省政府施压，帮助加拿大雪崩中心及其公共通告得到资助，还帮该组织募集私人捐款。真的，这让我第一次有机会去了解西部人是多么富有博爱精神，我们在卡尔加里动物园举办的年度募捐活动中阿尔伯塔省油业巨头云集，他们慷慨解囊，愿为有意义的公益活动出力。

我在CKAC广播电台干了一年，每周在法语广播节目中主讲时事（2004年奥运会时，我是他们驻雅典的官方记者）。这给了我机会从内部了解魁北克省的媒体和文化。这也使我意识到广播在联系群众方面可以有多强大。你在广播中无法作假，你的声音和语调会出卖你。而且，在最初十秒过后，人们不会再关心你姓甚名谁。唯一重要的是你要说什么，你怎么说，并且，你是在和他们交谈，而非对他们冷嘲热讽。这也部分解释了直至今日，我最喜欢的采访仍是在广播中、在播音室里与我的采访者现场互动。

还有，加拿大公园与野生动植物协会让我领导“永远的纳汉尼”运动，保护并扩大西北地区的纳汉尼国家公园保护区。在与各方面环保人士和新闻记者一起完成沿纳汉尼河顺流而下的独木舟之旅后，我着手开始为加拿大公园与野生动植物协会的运动作全国巡回演讲。

事实上，我开始越来越多地被邀请在有关青年或环境问题的会议及活动上讲话。尽管我的教师背景和在卡提马维克基金会工作的经历使我在青年问题上有所专长，但我意识到自己需要对环境问题有更深的理解。因此，2005 年秋季，我决定再次继续接受教育，这次是在麦吉尔大学攻读环境地理专业的研究生课程。

同样是在那个秋天，我找了一家演讲经纪公司来帮我处理收到的邀约。我一直抗拒演讲收费的想法，但我需要在安排和后勤方面得到帮助。我也开始理解围绕公共演讲的市场力量，特别是在募集资金方面。合适的演讲者能为慈善活动卖掉门票、填满房间，赞助商非常乐意提供帮助来换取在一场成功社区活动中的曝光度。而且，好的演讲者能为专业会议定调子并构建成功的框架。对许多会议来说，雇请演讲者的费用占了预算的一部分，就像租场地、提供饮食或者预订乐队一样。

当然，我继续在为一些自己参与的事业无偿演讲，从卡提马维克基金会到冬季运动安全再到保护纳汉尼河。而且，我在全国旅行途中，不论何时有可能，都会与当地学校联系，主动提出在那天和他们搞场免费活动。因为，不管怎样，我已经为了收费的活动到了那里。

我和全国年轻人的交流越多，就越觉得自己开始被他们所倡导的生活吸引。对我而言越来越清楚的是，年轻人关心的问题——教育、环境、他们这一代的经济前景——需要在公共范围内发出更强的声音。我也开始感到新一代的改变正在走近，这会开启新的可能。正是在此背景之下，我迈出了涉足政治的第一步。

自由党在 2006 年 1 月的大选中失利后，该党领袖保罗·马丁下台。到那年春天，一场 11 人参与的领袖竞选进展顺利。我选择与这场竞选保持距离，但作为公共演讲者，我在青年和环境问题上传递公民参与信息的经验越来越丰富，我确实在考虑，我是不是可以在革新方面为自由党作些贡献。我和索菲商量了此事，因为这一大步迈出去，可能导致影响深远的结果。但我俩一致认为，既然我有能力作些贡献，那么我至少应该提供帮助。

我并不知道从何处着手，但我听说汤姆·阿克斯沃西执掌着自由党的革新委员会。他曾是我父亲的顾问，因此我对他略有所知。我给他打了个电话，提出我可以在青年问题上提供帮助。委员会希望当自由党致力于领导战略时，一些人能放低身段创建一整套新的观念、政策和原则，以便下任领袖能够用其重建并革新自由党。

那年夏天，我的同事们和我走遍全国，听取年轻人对政治的看法，特别是对自由党的看法。我们的目标是出台一份报告，针对自由党如何鼓励加拿大年轻人投票支持本党提出建议。但听了数百名年轻人的看法后，我得出结论：我们面临的最迫切挑战不是说服他们投票支持自由党，而是让他们去投票——不管支持谁。在我们的报告中，我的同事们和我提议，自由党的首要目标应是改变年轻人的冷漠态度，说服他们参加选举。至于他们在投票站是否想要选择自由党，那就要看自由党及其地方候选人的本事了。

加拿大有众多热情的青年积极分子。然而，他们中的大多数致力于与非政府组织开展工作，而不是与政党开展工作。“青年更愿意为了在社会中产生影响而各自采取步骤，”我们在报告中写道，“但不太相信参与民主或政府倡议之类的集体努力。”我们注意到，年轻人有决心从事环保行动，比如回收利用他们自己的垃圾，但几乎没有意愿参与选举，即便是仅仅采取投票之类的基础步骤。当你与社区组织、非政府组织一起工作甚或参与较大的致力于解决单一问题的事业时，你比较容易感到自己正在以小而有意义的方式为改变世界作贡献。当你在一场选举中投票或从事竞选时，从某种程度上讲，你正以可能有一天会导致改变的方式参与一个体系，但这远非确定——特别是考虑到当时对政治的愤世嫉俗占据着主流。“投票率持续下降的情况只会更糟，除非拉动年轻人参与进来。”我们得出结论。

在我们的建议中，我们提议政治家们聚焦较年轻的加拿大人看重的问题，包括教育、环境、外交政策及个人权利保护，以此吸引青年。我们还提议在全国范围内推广青年志愿服务精神，以此弘扬“负责任的公民权文化”，并敦促加拿大选举委员会与高中学校董事会一起在真正的联邦选举当天举行模拟选举。

那时我就想，正如我现在也正在想的，公民参与不仅本身就是目的，而且是解决作为一个国家我们所面对的问题的必要手段。我们有重要的事务要处理，而我常常担心，除非复兴我们的民主政治，否则我们将永远无法找到解决这些问题的合法方法。现代民主不应该只限于公民以投票的方式为某种前景或某种解决方案背书，而应该从一开始就为构建有关前景和解决方案积极作出贡献。对于民主改革而言，这就是问题的核心。改革往往被描绘为“气泡里面的”问题，只有政客和渥太华人关心。这种看法是不正确的。对我们民主的失败，感受最为强烈的人无论身心都离渥太华远得很。

2006年秋天我们的报告发表时，我才刚刚开始理解这一问题的重要性。我见了几位意欲角逐领袖职位的候选人，听取了他们对我们建议的意见，评估他们到底有多重视自由党所面对的青年选民问题。我也想找找感觉，看谁真正理解自由党需要名副其实的革新，而败选赋予了自由党将自身风格与处事手段现代化的机会。有段时间，党员和记者一直问我对于领导权竞争的看法，可我想在表达任何观点之前，更好地了解候选人。我自己相信，自由党需要摒弃过去的坏习惯，而且关键是要远离那种认为自由党是加拿大“天然执政党”的笃定感。

最后，我选择支持安大略省教育部长杰勒德·肯尼迪。令我印象深刻的是，杰勒德·肯尼迪在政府外从事公共服务的经历很丰富，这是许多职业政客所缺少的。例如，他曾经营多伦多的“每日面包食品银行”将近十年，他理解贫困、收入不平等和失业，这些问题正是我在政治思考中的初始关注点。我变得热衷于他的信仰、他的成就、他对草根革新的关注以及他显而易见的职业道德观。甚至就在那时，我感到自由党所处的困境比党内许多人意识到的更糟，得从新一代中选出领导人，一个在联邦政党之外的人，才能复兴自由党。

对那些希望给自由党注入新鲜活力的人来说，2006 年 12 月在蒙特利尔举行领袖选举大会是件鼓舞人心的事。这次大会远不是加冕礼，也不是长期不和的党内元老之间的决斗。大会是喧闹的，出人意料地令人紧张，四位候选人——迈克尔·伊格纳季耶夫、鲍勃·雷、斯特凡纳·迪翁和杰勒德·肯尼迪——采取了合法竞选手段。其他候选人——肯·德赖登、斯科特·布里松、乔·沃佩和玛莎·霍尔·芬德利——也都在会上获得了足以对最后结果产生影响的支持。

回顾我向政治生涯的过渡，在蒙特利尔的那个周末确有重大影响。在此之前，尽管我曾花费一些时间在自由党外围工作，但还没确信自己对政治事业感兴趣。我喜爱理念、价值和以政策制定为核心的世界，但我母亲曾用她的言辞和亲身经历警告过我，政治家在人生中将会付出怎样令人难以置信的个人代价。当然，还有另一个考虑：步入联邦层面的政治将表明我在跟随父亲的脚步，甚至可能让我怀有以下想法：作为皮埃尔·艾略特·特鲁多的儿子，仅凭这一条件，我就应该扮演一个角色。

与父亲的关联从来不是我涉足政治的原因。这反而于我是个避免进入政治竞技场的理由。我一直在努力说服我自己和其他人，我就是我自己，这贯穿于我的高中和大学时期。为什么我要否定那些努力，作出一个令自己必会被人们依据父亲的成就来衡量的事业选择？在那个竞技场外面至少再待十年，减少无法避免的比较，这对我来说应是明智之举。这就是大会临近时我的想法。

小木槌在议会宫敲响以后，事态很快就改变了。当我与其他数百名心怀自由党和加拿大未来的自由党人混在一起时，我开始重新评估自己对于被与父亲作比较的恐惧。也许，我想，我一直低估了在政治方面我自己与我父亲非常真实的不同。

自从政治生涯的开始，我父亲在所有的政治活动中都采取一种理性方式，包括竞选。他对在拉选票时得做亲吻婴儿一类的事情感到有点儿不适应，而且竭力避免所谓的“零售政治”。我在会议楼层忙得不亦乐乎，我意识到，在政治竞选方面，我根本不是我父亲的儿子——我是吉米·辛克莱的外孙。外公吉米可能是位“终极零售政治家”，热爱混在人群之中，握手，倾听，并且，是的，当机会出现时，亲吻婴儿。这两个人之间的对比是戏剧性的。我越清楚地意识到这一点，越能缓解我对于被与父亲作比较的担忧。

在会议楼层我从自由党员们那里得到的反应令我既惊讶又兴奋。支持肯尼迪的活动组织人员不得不为我组建一个开路小组，以确保我能在人群中顺利移动。我真的享受为杰勒德暖场，与代表们讨论问题，与自由党同伴们紧密相连。我代表他作了个简短的介绍性讲话，帮他准备他自己对代表们发表的演讲，然后回去安坐下来，观看竞选结果。

第一轮投票计票显示伊格纳季耶夫先生位居第一，获 1412 票。其后三名相差只有 123 票：雷先生获 977 票，迪翁先生获 856 票，杰勒德落后两票获 854 票。布里松先生、沃佩先生和霍尔·芬德利女士退出了竞选，留下大约 500 张选票在第二轮投票中分配，这也使得位列前四的争夺者依旧面临相当激烈的竞争。

第二轮投票对杰勒德是灾难性的。他继续停滞在第四位，只增加了 30 张新获选票。当位列第五的德赖登先生被迫退出时，他宣布支持鲍勃·雷，并给予了他自己的代表们自行选择投票的自由。杰勒德自愿退出，将他的支持投向了斯特凡纳·迪翁。我已经决定如果杰勒德不是获胜者，我愿意获胜者是迪翁先生，所以我也转向了他。他是魁北克人，是个强有力的、有思想的联邦主义者。此外，他围绕环保政策开展他的竞选运动，这与我作为青年专门工作组主席从年轻人那里所听到的高度一致。最重要的是，他是个认真的人。他深思熟虑，当机立断。我仍觉得这点在斯特凡纳·迪翁身上极具吸引力。

第三轮投票中，迪翁先生所获选票几乎翻番，远超雷先生和伊格纳季耶夫先生两人。雷先生被迫退出时，他允许他的代表根据自己的选择投票，结果已经非常明显了。雷先生和伊格纳季耶夫先生的支持者之间分歧太大，以致绝大多数支持雷的代表转向了迪翁先生，迪翁先生在后一轮投票中赢得了领袖地位。

大会结束当天，我打电话给斯特凡纳，祝贺他获得成功。我让他知道我是多么高兴为自由党的重建作出贡献。“但现在我打算走开一点儿，尽力回归私人生活。”我告诉他。斯特凡纳则回答：“别走太远，因为我将需要你的帮助，把这个哈珀政府赶下台。”

对他来说，这可能只是一句客气话，但我挂了电话以后，远远看向索菲，告诉她他说了什么。我们意识到，我们得作出重大决定。

参加这次大会使我明白了一件事：我具备独立于我姓氏之外的从政技能。我不会假装这个姓氏毫无影响，但它不是我拥有的全部。绝对不是。

接下来的几周，我与索菲深入讨论政治生涯中将会遇见的挑战、牺牲和机遇。我向朋友和家人请教，听取他们的建议。我长久认真地考虑这将对我们所有人的生活产生的影响。但我感觉这个时机对我来说是合适的。

我已经完成了环境地理专业研究生课程的作业，只剩下写论文了。如果涉足政治最终没有出路，我还可以重拾中断的学业。

保罗·马丁的前魁北克助理、乌特蒙选区的众议员让·拉皮埃尔，在大会后宣布他将不再参加竞选。乌特蒙位于作为蒙特利尔中心标志的那座山的北侧与东侧，承载着特鲁多家族的根基，我在布雷伯夫学校上学时在那里度过了七年。在那里，索菲和我先买了所公寓，然后买了我们当时居住的房子。这个选区对我来说正合适。

最重要的是，我知道它不再像以前那样是个容易拿下的选区。因此，我将竭尽全力去赢得胜利，先要把那些毫不掩饰地宣称我还没为本党作出贡献的自由党人争取过来。而且我知道只有通过这样的艰苦努力，我才能向所有人证明自己所拥有的远远不止是一个姓氏。

因此，圣诞节前几天，我再次给斯特凡纳打电话，告诉他我对为他竞选感兴趣，而且我认为乌特蒙选区会是个绝佳选择。他对我表示感谢，告诉我他会再和我联系。

进入新年一周左右，让·拉皮埃尔宣布他会立刻下台。因此，乌特蒙选区将进行补选。太好了，我有点儿天真地想。这将是场备受关注的艰难战斗，而我们将真正表明自由党有志于实现代际变革。

然而，几天之内，自由党内部围绕该选区的阴谋争斗就从一般的“仅令人不快”升级至“彻底危害”性质的，而且乌特蒙选区协会只因听闻我在该区竞选的消息便持坚决反对态度一事已为人所知。领袖办公室对我的参选也不是那么热衷。因此，对我来说，就此止步应是明智之举。

我并未像预料中的那样被赶出局。事实上，我听从了弟弟的建议，已经开始寻找其他适合我参选的蒙特利尔选区，有两个选区跃然而出：帕皮诺（在更远的东北部，杰瑞公园附近）和珍妮-拉伯尔（在凡尔登市中心以南的地方）。这两个都是面临重大经济挑战的多元化城市选区。最重要的是，这两个选区都在前一年被魁北克人党赢得，所以，在其中任一选区获胜，都将不只是保住一个自由党席位，而是从魁独人士手中夺回一区。还有什么更好的途径能证明我的价值呢？

在这两个选区中，我在帕皮诺的胜算更大。我早已熟知公园延伸社区各色各样的民族特色餐厅，去东正教堂参加过朋友的婚礼，在杰瑞公园享受过难忘的灿烂阳光，还和许多蒙特利尔人一样，沿着圣休伯特街寻购过窗帘。沿让-塔隆街走过整个选区，除了法语之外，你会听到英语、希腊语、旁遮普语、孟加拉语、坦米尔语、乌尔都语、西班牙语、葡萄牙语、阿拉伯语、克里奥尔语、越南语和意大利语。只需在选区里来回走动，我就可以继续自己的世界旅行！

帕皮诺位于蒙特利尔东部尽头的尖端，靠近岛屿的地理中心，南边毗邻乌特蒙，西边毗邻我父亲的老选区皇家山。帕皮诺选区只有九平方公里，在加拿大所有联邦选区中占地面积最小。根据2006年的人口普查，其选民的平均家庭收入是加拿大所有选区中最低的。并且，尽管该选区有这个国家最广泛的语言和族裔代表性，它无疑首先还是法语区。虽然自由党赢了数十年，但帕皮诺于2006年落入魁北克人党之手，一位名叫维维安·巴尔博的海地裔明星候选人在激烈竞争中击败了自由党外交事务发言人皮埃尔·佩蒂格鲁。

这是证明我的竞选能力的理想地点。自由党如果想在下次大选中在主要城市中心变得有竞争力，则必须赢取帕皮诺这样的生机勃勃的多文化选区。该选区有说法语的人，自由党将需要争取他们的支持以重新赢回魁北克省。该选区紧凑的规模也适合一名有意磨破皮鞋从选区一头走到另一头敲门拜访的精力充沛的候选人。

但那时迪翁的人对我表明，帕皮诺选区也不适合我，因为他们已为该选区指定了一名“少数族裔”候选人。显然是为了试图劝阻我，他们告诉我将进行公开提名，以此向我暗示他们认为我不太可能在竞争性提名中获胜。

事态很快明朗起来。迪翁的团队倾向于在当地受爱戴的玛丽·德罗，她自20世纪90年代后期起便在市议会代表公园延伸社区。我猜他们看我不会是个愿为赢取这样一个富有挑战性的选区而去费力的人。

在帕皮诺参选的障碍无一使我气馁。与之相反，我认为这是在困境中证明我自己的绝佳机会。我并不想要易如反掌地赢得竞选。我想要一场对自己从政能力的严肃测试。

不过，赢得提名差不多将考验我的个人从政能力，我知道自己需要从一开始就表明我是个有团队精神的人。对领袖的忠诚和尊重是我深信之义，甚至，我认为这是自由党重新赢得加拿大人尊敬的关键。因此，2007年2月下旬的一天早上，当我听说关于我有兴趣在帕皮诺参选的传言开始散播时，我立刻就如何处理此事求教于迪翁团队。我知道记者直接来问我只是时间问题，而我确认了就会是条大新闻，所以我觉得需要与自由党联络员进行协调。

我得到的答案很明确，且有点儿被轻视的意味：我可以随心所欲地回答记者的问题。此外，他们给我一种明显的感觉，即我为这点小事去联系他们有点儿傻气。我叹了口气。显然，关于政治，我要学的还很多。

几小时之内，加拿大广播公司的一位记者给我家打电话，求证我是否真的计划在帕皮诺参选。我说是的，她便问能否对我作电视采访。我说，好吧，但这不得不在机场进行，因为我正要出门去西部参加一个关于雪崩安全的活动。

当我到达航站楼的时候，许多摄像机已从不同出口聚拢过来。我开了个简短的新闻发布会，然后登机去温哥华，感觉一切进展良好。

当媒体追问斯特凡纳·迪翁时，他确认了我的决定，告诉记者他赞赏我的勇气，并表示我正在证明自己竞选众议员没走“捷径”。

但到了那天傍晚，他的人都铁青了脸。迪翁先生同一天也在蒙特利尔发表了关于恐怖主义问题的重要讲话，媒体对此几乎没有提及。所有新闻都是关于我参选的决定。之后几天，许多资深自由党人公开指责我在迪翁先生作为自由党新领袖力图立足之际，故意去抢他的风头。

对我而言，这向我粗暴展现了加拿大自由党内部的运作。同室操戈、因私害公、前后不一，这些都是规则。

然而，这远没有令我因艰苦的前路而退缩，只不过吊起了我的胃口。来吧，我想。这会很有趣。

第六章
帕皮诺：从头开始的政治

我的政治生涯始于一个停车场，确切地说，是一家杂货店的停车场，对街是一家土耳其烤肉餐厅和一家理发店。我决定参选帕皮诺选区的自由党候选人后，记者们扛着摄像机气喘吁吁地冲向机场采访我，但在这儿一个记者也没有。只有我一个人拿着剪贴板走在街上，询问陌生人是否愿花 10 加元成为自由党党员。我心想，欢迎进入色彩缤纷的加拿大政治世界。

这并非实际意义上的选举活动。这场关于大选打响后谁将代表自由党角逐帕皮诺选区的提名之战刚刚开始。作为参战选手的我竞选资金有限，几乎没有零售政治经验，有几位朋友担任我的志愿者，员工只有一人，就是我的妻子。索菲热情饱满，给我巨大支持，帮我制订竞选计划，还经常陪我奔走。我们一同成长了许多。

多数加拿大人并未意识到，选区层面提名过程的竞争有多么激烈。和大选全面开锣后的热闹相比，这些工作是幕后的，还可能永远不为人知。有时候，当一个选区的现任代表及其高调的挑战对手各自毫不费力地赢得党内提名时，其他的竞争便不足道了。但对希望成为本党候选人的参选者而言，争取党员的提名支持可是件令人精疲力竭的事情。他们首先要在提名会议召开前为本党尽可能多地招募党员，然后鼓励这些党员在提名日现身社区中心、学校或体育场给自己投票。这听起来可能是件苦差事，但我喜欢极了。

经历过 2006 年自由党领袖选举大会后，我开展近距离接触拉票的步伐加快了。我生来是社会动物。我也喜爱体育活动，参加帕皮诺选区的竞选需要的正是大量的体育锻炼。对我而言，从清晨到黄昏在街上吸引自由党新党员加入是件特别有意思的事，每天我都迫不及待地开始工作。我知道打电话和选民沟通的重要性，但说到竞选，我宁可多费双鞋，走出去和人们见面，在街面上把事情办成。

这样做还有一项有益之处。由于傲慢、自负和疏忽，自由党的基层支持率正在萎缩。在加拿大许多地区，一些自由党候选人甚至不屑于走街串巷、敲门拉票。他们把自由党更多地看作品牌而非一种政治理念的表达。这种态度是导致我们党支持率下降的主要原因。我们要跨越那种思维。我们要提醒选民自由党红色招牌背后蕴含的价值和哲学。更重要的是，我们要从选民那儿了解他们对社区和国家的希望和期待。这听上去似乎是件理所当然的事，但令人惊讶的是，政治家们常常轻易地忘记了这一点。

人们常说政治是一项“接触型运动”，意思是它是件苦差事。确实如此。政治不适合心理脆弱或脸皮薄的人。但我从另一个角度来看政治：政治是触觉型运动。你需要全身心投入时间，和你希望代表的选民在一起。无论在咖啡店里、厨房餐桌旁，还是在后花园的烧烤会上，你必须聆听并吸收你所在社区居民的意见和价值观。你必须身体力行。我想将此作为核心观念贯穿于我在帕皮诺选区的整个竞选活动，这既是为竞选也是为自由党的复兴。自由党太需要这个了。作为一个资历尚浅的候选人，我无法在全国推广这种理念，但在本地可以。我开始用一种直接、充满活力和个性化的方式传递这种理念。我知道这是正确的方式。

我知道，这种竞选方式在我的家乡魁北克省尤为重要。在魁省，赞助丑闻以及戈梅里委员会事件持续发酵，给自由党的形象蒙上了阴影，而且这种负面印象挥之不去。我在 2006 年自由党领袖选举大会上支持杰勒德·肯尼迪角逐党领袖，也许最主要的原因是，尽管他是联邦政治的局外人，但他似乎明白自由党已变得多么脱离选民和危机重重。自由党的基本诚信已招人质疑。我坚信，只有用最传统的方式才能解决这一问题：直视人们的眼睛，倾听他们的意见并告诉他们真相。

当然，仅凭热情和善意是不够的。在帕皮诺，它们能带给我的就只有这家杂货店的停车场而已。要想在自由党领袖选举大会上和数百位自由党人并肩，我现有的经验和实际所需要的经验相比反差太大了。尽管许多自由党人在支持其他候选人，但我们拥有共同的党派身份和终极目标。在帕皮诺街上，我对行人的政治立场从不想当然。实际上，我没法知道他们是否会回应我的问候和邀请，也许他们的回应只是一个短暂的微笑和握手。

每当有行人愿意停下脚步和我交谈时，我都会谈论自己对史蒂芬·哈珀的领导风格以及保守党治理国家的方式的担忧。我会阐述自己在教育、青年人参与、志愿者工作等问题上的看法，这些是我从事教师职业以及担任卡提马维克基金会主席期间形成的看法。

最重要的是，我大量地聆听。如果我想增进对选民所面临的问题的了解，唯一可做的是问他们关心什么问题，并认真倾听他们的回答。我听到为人父母的选民谈到孩子找工作有多么难。我听到移民描述他们为来访亲友申请签证有多么难。我听到许多居民日常面临的经济挑战。他们的债务在增加，但收入却没有增加。许多从那家杂货店出来的顾客几乎买不起家人需要的食物。

我还了解到，一些居民担忧选区性质正在发生的变化。希腊和意大利移民发展得很快，对地区的活力贡献良多。随着大批来自其他国家的移民的落户，民族特色餐厅、节日、社区中心如雨后春笋般，使帕皮诺生机勃勃。但许多长期居住在这儿的居民告诉我，他们担心朋友和邻居们正被新移民挤出社区。

我与大家的交流涉及了广泛的文化观点，这经常令我惊讶。一些居民提醒我，位于帕皮诺核心区域、正日益拉丁化的弗乐瑞社区，其根源可追溯到在马车时代劳作的法裔加拿大农民和采石工。住在帕皮诺的公园延伸社区的希腊裔居民正眼睁睁地看着他们的儿孙辈迁往遥远的沿海岛屿居住，因为来自南亚的移民买下了他们的住宅。在意大利裔传统聚居区圣米歇尔社区，来自海地和北非地区的新移民正在迁入。居民结构变化的同时也带来了就业挑战。不仅是新移民，青年也面临这一问题。近年来加拿大全国上下的社区都在经历相似的转变，但帕皮诺的多元文化比其他地区都要复杂。我爱帕皮诺的活力，但对其中积累的紧张关系忧虑渐增。

我与另两位候选人在争夺帕皮诺的自由党提名。一位是自由党领导层中意的人选玛丽·德罗，另一位是意大利语报纸出版人巴西利奥·焦尔达诺，他也得到了自由党重量级人物的支持。他们两位都拥有组织良好的政治班底，通过与本地社团领袖合作，招募了大量人员。在他们批量招募支持者的同时，我因为缺乏上述资源，只能一个个零星地招募。

火上浇油的是，自由党魁北克分部主席对法语媒体宣布，我不该成为候选人，因为我没有任何东西可以提供。不仅是自由党在我还没开始时就把我淘汰了，政治评论家和专栏作家也公开表示，我参选帕皮诺选区自由党候选人毫无胜算，更不可能打赢魁北克集团的明星候选人巴尔博，我这么做说明我不知深浅，必败无疑。他们说，这说明我太年轻，太愚蠢，政治才干不及我父亲的一半。

数字上的支持率确实也对我不利。离提名大会还剩两个月，很显然我需要帮助。3 月中旬，我的好友雷内·埃贝尔同意加入我和索菲组成的两人小组。雷内是魁省的资深政治竞选专家，从我父亲那一代开始她就与联邦自由党共事了。我还聘请了弗朗哥·因卡诺担任我的竞选主任，他和雷内一道，最大限度地把我推介给帕皮诺选民。在他们的帮助下，我找到了选区内所有曾经支持过自由党的人。我去他们家中拜访，鼓励他们重新加入自由党。尽管个别人对此不感兴趣，但许多人认同我说的话并且重新加入了。到 4 月 29 日，我们卖掉了近 1200 张自由党党员证，这个数字和另两位候选人的成绩不相上下。这仍是一场结果难料的比赛。提名之夜的获胜者将是那个将对手的支持者争取过来的人。

随着提名大会的临近，我变得愈发乐观。4 月底，一些政治评论家转而支持我，主要原因是，他们认可我在选区工作中表现出来的顽强。我也相信，自己对政治和媒体的变化趋势有着比我的对手更为深刻的洞察。有一位当地博主向每一位候选人提出了包括贫困、身份政治、移民等在内的一系列问题，我基于自己在选区的经历做了很长且带有个人色彩的回复。其他候选人则选择不回应他，大概他们自认为选民懒得读政治类博文。但早在2007年我就认识到，互联网正成为政党扩大影响特别是争取青年选民支持的关键工具。

令我高兴的是，这位一直撰文宣称我会失败的博主在他的网站上感谢我回答他的问题。这是件小事，我想它至多为我争取到几张票，但它使我更坚信，今天的活动家和支持者期待我们通过数字媒体与他们直接互动，他们也值得我们这么做。

提名大会在位于帕皮诺选区区界的安德烈-格拉塞学院举行。尽管结果无法预料，但我走进学校礼堂时感到很平静。我一生中最爱的人都在，这使我感到安慰。我的母亲在那儿，一旁是索菲。我的弟弟萨沙带着他四个月大的儿子皮埃尔来了。萨沙需要照顾年幼的孩子，还要忙于他的纪录片工作，我非常感谢他的支持。

从一开始我就被认定是处于劣势的一方，这使我的压力减轻不少。在这场激烈的竞争中，我面对的是两位经验丰富的候选人。如果我进入第二轮投票，许多观察人士认为，德罗和焦尔达诺的支持者会联手把我打败，这看来是可能的。毕竟这是政治经验之谈。我想赢，但在这样的场合，输了也不丢脸。

当我朝人群看去时，再次感到震惊。在竞选这件事上，我和父亲是多么不同。父亲并未花过很多时间在杂货店停车场周围和选民交流，或是在学校礼堂参加提名竞争。当然，政治在他的时代是另一番模样。那时候，知名候选人都是从银行家、律师等精英人士中选出来的。他们在社区位高权重，深得民心，他们的视野还远远超越本选区，涵盖了加拿大全境。我的父亲与这样的描述完美契合。他把自己看作加拿大人民及价值观的代表，而不只是一个选区的代表。他是个优秀的众议员，为皇家山选区选民的利益奋斗。但他并不寻求与选民建立个人联系，而这正是我在帕皮诺努力追求的。

想到这一点，我便不打算在当晚的演讲中提及我的父亲。如果人们怀疑我想沾父亲的光，这只会对我不利。

雷内提出了不同看法。她提醒我，现代帕皮诺选区的一部分曾属于邻近的皇家山选区，这意味着提名大会上的一些人曾是我父亲代表的选民。如果我连这个事实都不提及，他们会认为我不尊重父亲。雷内还告诉我，如果我以正确的方式提及父亲，只需要提一次，今后很长时间都不需要再这么做。她的话对我准备演讲起了指导作用。

我的演讲由历史开始。我说："1965 年秋天，公园延伸选区的居民们帮助皮埃尔·特鲁多——一个以教师为职的人——第一次进入众议院。时间在改变，选区在改变，但你们 40 年前作出的决定将给加拿大带来永恒的改变。"我对他们说，25 年前，我父亲为加拿大带来了《权利与自由宪章》，这是全世界迄今为止保护和实践人权最珍贵的文件之一。我说："我们都是那部宪章的孩子。对此，我们无比自豪，你们可以理解，当我向你们说，你们的特鲁多总理正是我父亲时，我是多么自豪。"

接下来我发自内心地谈到帕皮诺，我提到社区领袖们的名字，为他们全心全意为社区的文化等各项事业作出的贡献而感到高兴。接下来，我谈到如当选自由党众议员，将向保守党政府发起挑战的政策领域。"保守党想要在社会公正问题上分化我们，在环境和《京都议定书》问题上分化我们，给我们下一代的未来带来威胁。他们想要复制美国人的立场，在加拿大的全球角色问题上分化我们。”

两个月来，我走遍了选区的每一条街道，到访了每一个购物中心，和数千人握手，听到了许多故事。我觉得自己了解这个选区以及民众们关心什么。无论当晚投票结果如何，我为此付出了努力，没人能否认这一点。

当我开始向人群发表演讲时，一些事情发生了。无论我看向何处，我都能看到熟悉的目光向我回望。他们是我在圣劳伦街、圣休伯特街和克里斯托夫科洛姆街上交谈过的人们。他们是我在埃弗里特街和夏铎布伦街上拜访过的人家。我和他们联系过。他们在对我微笑。更重要的是，投票开始后他们支持了我。

当晚我在首轮投票中即胜出。在总共1266张选票中，我获得了690张，德罗小姐和焦尔达诺先生分获350张和220张。投票结果公布后，我给了雷内一个大大的拥抱，然后我看到萨沙，他正眨眼忍住喜悦的眼泪。

在我们欢庆胜利的过程中，斯特凡纳·迪翁打来电话表示祝贺。他和他的团队也许原本偏爱玛丽，但现在结果已定，他毫不犹豫地给予我他真诚的祝贺。我告诉他，我很感谢他的善意之举。在整个提名过程中，我们的关系既不热络也非对抗。斯特凡纳尊重我，仅此而已。我获得提名胜利后的一年半里，政治形势风起云涌，我一直小心翼翼地对他报以同等的尊重。

当晚在我庆祝胜利时，我知道我的战斗才刚刚开始。之前的毕竟只是朋友间的摩擦。真正的战斗是我将要对阵选区的现任众议员维维安·巴尔博。巴尔博女士是一位杰出的教育家、女权人士和当地海地裔社区的领袖。她击败了自由党资深内阁部长皮埃尔·佩蒂格鲁，赢得了帕皮诺选区。她是一位重量级的政治对手。

我知道，如果我想在下届大选中击败她，我不能浪费一点时间。

第一步是建立一个团队，团结一批经验丰富、视野开阔的人开展有效的竞选活动。雷内和弗朗哥给过我宝贵的帮助，但他们已有了别的工作。我的家人和朋友们在提名大会前的最后几周帮了我很多，但联邦大选是一场马拉松，我不能要求他们总能来帮我。

我需要招募的第一个职位是全职竞选经理。我赢得提名的当晚就在会场发现了理想人选。当晚雷内带路易斯–亚历山大·朗蒂耶来做我的监票人。我在卡提马维克基金会工作时曾在渥太华和他短暂地见过一面。他尽管才三十多岁，但已是参与过多次政治竞选活动的老兵了，这源于他母亲雅各莉娜·朗蒂耶的影响，他母亲曾为让·克雷蒂安工作。我欣赏亚历克斯[①] 的背景以及他致力于赢得大选的决心。我尤其欣赏他对我们竞选战略的一句话概括。他说："贾斯廷，从现在起到大选，你的行为举止要像已经当选了帕皮诺众议员一样。"

这是我们在提名之战期间就开始成功坚持的拓展策略。每当帕皮诺有餐厅开业、宗教节日、户外嘉年华、筹款、游行、时装展、艺术展、集市、市政厅会议或其他公众活动时，我都会到场，和人们握手交谈。我不会请他们投我的票（大选日期还没有确定）。我会告诉他们我是谁。这样当他们在竞选海报和选票上看到我的名字，他们会记起我的容貌和声音。当做投票决定的时刻到来时，他们会记得这个人握过他们的手，问他们过得好不好，聆听他们的诉求。这也许是零售政治的终极形式，我迫不及待地想要开始。

---

① 亚历山大的昵称。

亚历克斯的祖父在帕皮诺开干洗店有许多年了。由于社区里很多人买不起干洗机，这家店成了大家聚在一起聊天、编织、阅读的场所，洗衣服倒成了顺便之事。我再也想不出比此处更好的让我和大家相互熟悉的地方了。

从 2007 年春天起到 2008 年 10 月大选，我把时间都花在了参加各项活动以及和人们交谈上。我不能保证我在这一年半里见过了帕皮诺的每位选民，但我确实已尽了全力。

无论我出现在哪儿，和谁交谈，我对自己沟通信息的方式作出了一个战略决定。身份政治可能是与选民建立联系的一种方式，这种“分而治之”的方法也是其他党派偏爱的，但我不想沿着那条路走。我试着在选民共享的价值观中寻找共识。无论人们来自何方，说哪种语言，或采取哪种祈祷方式，我相信我们共享某种价值观，我想要突出我们之间的这种联系。

我面临的最大意识形态分歧是关于魁北克省在加拿大的地位的，这一分歧在弗乐瑞社区尤为突出。我像往常一样敲门，看着门打开。里面的人一认出是我，面色就白了。他们开口便是：“我永远不会投你的票。我不同意你的观点。”

我友善地微笑答道：“啊，你不同意我在环境问题上的立场，还是在社会项目、教育和医保问题上的立场？是经济要为每个人创造机会，还是与哈珀先生的分歧？”

“不，不，我们在其他所有问题上都同意你的观点。就是在魁北克问题上不同意！”

“哦，好吧，除此之外，我们在保护魁省的法语语言和文化问题上没有分歧。我们的分歧点可能是采取哪种方式更好。我认为应该加强和共享魁省的语言和文化。我认为魁省不应该只关注自己并筑起围墙。”

无论谈话结果如何，我会说见到他们很高兴，不管他们是否投我的票，我都希望在渥太华就一些重要问题为他们发声。

我总是很谨慎地不去贬损魁北克集团的维维安·巴尔博众议员。对于她的人生成就，我深表敬佩。人身攻击无法赢得选民的忠诚。

我相信，从长远看，对抗主权主义思想的唯一方法是为加拿大创造一个正面案例。主权主义和加拿大国内其他分裂势力一样，本质上都在强调那些极少数的分化我们的东西，却淡化了许多我们共有的东西。你只要在魁北克省的大街上与行人接触，很快会发现一些普遍的价值观和期待。正如我数年后开始竞选自由党领袖时说的，我认同那些价值观，但我同时坚信加拿大，而不仅是魁北克省，才是将这些价值观付诸实现的最佳地方。

我与在帕皮诺碰到的每一个人，无论他是不是主权主义者，都建立了联系。我和他们讨论对史蒂芬·哈珀执政的反对意见。哈珀领导的保守党 2006 年以少数政府执政后，在很短的时间里疏远了魁北克省大部分地区。在帕皮诺，保守党支持率非常低。

索菲开始对我的政治风格产生重大影响。索菲对魁北克省的了解同样是深入的和直觉性的，她密切关注着我对外分发的竞选材料和媒体表现。每当她发现我有丝毫的消极倾向，就立即提醒我。她还说，她不会任由政治生活中的小矛盾和小摩擦损害我的个性。她提醒我，我从政是为了实现建设更美好的加拿大的理想，不是为了在第二天的新闻里出风头。有时候从政之人容易卷入旋涡，忘了他们的个人价值。索菲从不如此。无论形势多么紧张，她总有办法让我也不忘记。

有时，我仍免不了直接谈及维维安·巴尔博。我会强调，尽管巴尔博女士作为个人拥有诸多令人赞赏的品质，但她担任魁北克集团众议员的这个事实证明，她代表的是一个以分裂人民为目标的党。帕皮诺选区以及这个世界最需要的是专注于团结人民的政治家。

我逐渐学会如何在社区演讲中清晰、简明地阐述自由党的政策。这并不是因为选民对细节不感兴趣，而是因为我和他们的接触时间大都很短，因此我需要采用“电梯测试法”（指30秒内提出解决方案）阐述我党的政纲。索菲在这方面总是给予我极大的帮助。在我出席每一场大型活动前，她会要我逐条梳理我计划提出的观点，用直接和简明的语言进行解释。如果有些话听上去复杂或令人费解，她会让我重新说一遍。这种方法很有效。最终，我能做到在30秒或更短时间内把复杂的政策解释清楚，比如斯特凡纳·迪翁最终未能成功推行的绿色碳税转移政策。

我和帕皮诺选民交谈时经常触及社会问题，特别是在和一些反对同性婚姻、堕胎、大麻合法化改革的新移民交谈时。我不能一味迎合他们的立场。我必须捍卫自己的观点。当我在清真寺或教堂演讲时，我常在答问环节因为这些问题受到考问。我的回答是：“我们在这个问题上意见不同。因为我们都把这个问题视为核心原则，所以可能没有妥协的余地。但我们在其他很多问题上有共识，所以我依然希望你们考虑投我的票。”听众对此番话的反应时常令我惊讶，起码他们还挺欣赏我直面回应棘手问题的做法，尽管有时候听到的并不是他们理想中的答案。

我记得前不久在让泰龙街上的巴基斯坦-加拿大清真寺里的一段经历，我后来也经常碰到这种情况：加拿大的新移民们很支持我，但他们在社会问题上很保守。亚历克斯建议我避免谈及同性婚姻，但这却进一步激起了我讨论这个问题的兴趣。

我在那座清真寺里对人们说："我知道房间里的每个人都支持加拿大的《权利与自由宪章》，这是保护我们包括宗教信仰自由在内的权利的基础性文件。但你猜怎么着？这些权利在保护你的同时，也赋予了同性恋者结婚的权利，也给了你们的女儿嫁给非穆斯林的权利。《权利与自由宪章》保护每个人的自由。你不能只挑选自己想保留的，却把你不喜欢的扔掉。"当天的听众年龄偏长，留着胡须，态度坚决。但我说完后他们朝我点点头，然后我们进行了很好的交流，谈论了对我们的孩子和这个国家的共同愿景。

参加帕皮诺地区的竞选活动后，我开始深入思考究竟什么是加拿大人心目中的多元文化主义。这个概念尽管植根于《权利与自由宪章》，但依然是备受误解的问题。如果你只是听电台连线节目或阅读报刊评论文章，你可能认为多元文化主义意味着我们社会中的每个人都是自由的，这种想法还成了一些人对丑恶行为甚至是犯罪行为视而不见的借口。帕皮诺的经验告诉我，这种想法大多是在散布恐慌。我遇到的大多数移民都了解我们国家奉行的文化规范，从宗教多元性到我们对性别平等的态度，还有我们反对的敌视性言论。他们完全接受这些规范。他们也意识到，加拿大的法律体系对每个公民都一视同仁。在坚持《刑法》和《家庭法》的原则时，我们不会因种族或宗教因素而区别对待。我在帕皮诺遇到过许多移民家庭，他们对祖籍国的敌意至今挥之不去，但他们相信，人们来加拿大是为了逃避旧世界的仇恨，而不是任由这些仇恨滋长。

那么多元文化主义对他们和对我而言意味着什么？它意味着

一种假定：只要不违反我们社会的核心价值，各种形式的文化表达都将被包容，比如犹太人、锡克人、穆斯林都有权佩戴本宗教的头巾，天主教徒有权佩戴十字架坠饰。我在2007年启动竞选活动时，让·夏雷领导的自由党正在魁北克省执政，魁北克人党还未启动《魁北克省价值宪章》，即所谓的《世俗宪章》。但这一针对移民的令人担忧的策略已经成为大街小巷的热门话题。2007年1月，当"合理包容"问题在魁省引发热议时，埃鲁维尔小镇通过了一项决议，禁止对女性施行石刑或将女性作为祭品。他们的决定令人惊讶之处在于，那个小镇的居民中没有移民，也从未因少数族裔的文化行为引发社会争论。

我当时就反对这种散播恐慌情绪的行为，至今依旧反对。事实上，令我骄傲的是，我在2013年是第一个公开反对魁人党倡导的《世俗宪章》的联邦政党领袖。如果帕皮诺的一位单身母亲既希望遵从她的宗教信仰，又要赚钱养家，因为这个就要把她逐出就业岗位，这个宪章到底要解决什么问题？如果魁人党向帕皮诺居民提供这样的选择，很多人就不会对外显露他们的宗教性衣着，他们会退出公众生活。这恰恰与我们的奋斗目标背道而驰。我们希望加拿大新移民——所有加拿大公民——都参与到建设加拿大的事业中来，而不是选择逃避。

思考多元文化主义的最佳方式是把它看作一种社会契约。在契约中，加拿大的新移民承诺遵守我们的法律，教导他们的子女学习技能和语言以便融入社会。对于规范个人与团体之间关系的社会准则，如果他们无法立刻实践，至少能够表示尊重。而我们也尊重他们珍视且无害于他人的文化。如果强迫一个九岁的足球选手摘下锡克教包头巾，因为一个日托工作者戴穆斯林头巾就开除他，或是因为一个心脏病学家戴头巾就禁止他进入手术室，那么这些都是违背契约中我方义务的行为。

在这个世界上，加拿大也许是唯一一个因为差异而强大的国家。多元性是我们身份定位的核心，是我们国家成功的核心。无论我们在何处，小城镇抑或是大都市，多元性在加拿大无所不在。这是我们国家对全世界作出的最重要和最独特的贡献之一。这也是为什么我在捍卫少数族裔权利以及推动《权利与自由宪章》方面行动迅速的原因。我相信，开放性是我们之所以成为加拿大人的核心要素，这使得加拿大成为世界上最自由和最宜居的地方。

竞选既是一门艺术也是一门科学。一些人天生就擅长此道，其他人则并非如此。有一些基础技能是需要学习和实践的。

我要学会更自信地联系帕皮诺选民。讲礼貌当然是好的，但参加活动时仅仅扮演壁花的角色是没有意义的。

我早前参加过一个以儿童户外游戏为主题的大型公众活动。许多人坐在舞台前面，身后有一大片空地，演出期间家长和孩子们在那儿自由活动。这是个联系选民的完美场所，但我有些退缩，因为我不想分散大家对演出的注意力。为了完成此行的任务，我几乎是强迫自己离开椅子走向人群。

对于我的出现以及渴望同大家交谈的举动，没有人表现出反对。事实上，我在帕皮诺竞选的一年半时间里，当我在各种场合向大家介绍我自己时，我从未遇到过敌视。尽管现在的选民可能对政治有些排斥，但大多数人还是愿意通过握手和交谈来了解政治家的。

当一个政治家花了几个月的时间来竞选，他很自然地会认为所有人都知道他是谁。你需要不断提醒自己，其实许多人并不知道你是谁。事实上，许多加拿大人甚至说不出他们所在选区现任众议员的名字，更不用说众议员候选人的名字了。我还发现，有个大家耳熟能详的姓氏并不像你想象得那么有用。

我的竞选经理亚历克斯·朗蒂耶对于如何改进我的竞选风格提出了很有效的建议。有一天，我参加一场活动，走向人群和大家握手、打招呼："嗨"，"你好"，"很高兴见到你"。亚历克斯观察了我几分钟，然后把我拉到一边，一字一句地对我说："你好。我是亚历克斯·朗蒂耶。你是哪位？"

我回答说："我是贾斯廷·特鲁多。"

亚历克斯笑了。"很好。现在起就这样告诉你遇到的每一个人。让他们听到你的名字。如果他们没有听到你是谁，你对他们而言只是个碰巧握了手的陌生人。"

我一直很看重和人们之间真诚的交流，即便初入政坛也未曾改变。如果你和选民见面，你必须足够耐心地花时间了解他们的姓名，询问他们的所思所想，然后倾听他们想要对你说的话，否则你就不值得花费时间和精力。

无论你多么努力和人们建立联系，一个深刻的教训是：你无法说服每个人给你投票。我遇到过的最负面的反应来自一些稍年长的选民，他们出于种种原因对我父亲怀有敌意。他们中的许多人看到我竟然有脸去敲他们的门，感到非常愤怒。我无论花多长时间试着寻求我们可能谈得拢的话题，也丝毫无法和他们改善关系。

这就是我的特鲁多姓氏招来批评的情形。当一个选民一听到某个前政要的名字就脸红脖子粗时，你不能奢望他对这个前政要的儿子有什么好感。每当我遇到此类情况，我会说："尽管你觉得自己不会投我的票，我还是很高兴认识你。"接着我会离开去敲下一家的门。

最后，当你作为一个大党的候选人开展竞选时，你需要记住的很重要的一点是，你在公开场合说的每个音节都会被别人"地毯式"地搜寻错误，如前后不一致、政治上的不正确或是意识形态问题。无论你的本意有多好，你的对手会毫不留情地断章取义来打击你。比如，保守党在2013年打出的第一个攻击我的广告，引用的是我在20世纪90年代接受采访时谈及我父亲所说的话，但那些话是完全脱离上下文的。面对这类攻击时，你唯一能做的是要对加拿大人民有信心，相信他们有足够的智慧认识事物的真相，并在选择时刻到来时分清良莠。

这并不是说你不该或不能为自己辩护。许多人参政时想着他们需要做的只是尊重他人，同时发自内心地说话。但那是不够的。永远都不够。你说的话如果被撇去上下文后放上推特，就会被人们错误解读。

但如果批评家们太容易找你的茬，你也会陷入无谓的麻烦。这种情况经常在我想显得过于聪明或诙谐时出现。我在帕皮诺竞选期间，一个学生在我的网站上发问："如果一个外星人到加拿大来并且成了加拿大公民，他或她或它是否受到《权利与自由宪章》的保护？"我觉得这是个很棒的问题，它不仅触及了我对科幻小说的热爱，更重要的是我欣赏这个学生发问时展现出的思考和想象力。有人建议我不要回答这个问题，我没有理会，而是详细地、半开玩笑地作了回复，强调我们致力于多元化建设，同时，是的，任何成为加拿大公民的外星人都可以获得该宪章的保护。（你猜怎么着，安大略省律师协会的一位前主席在博客中写到，我的回答“在法律上很正确”，而且“确实提出了非人类公民权这个有趣的问题”。）

几天后，《新闻报》刊登了一张漫画：我告诉外星人它享有宪章赋予的权利，而这个外星人说也奇怪，长得很像斯特凡纳·迪翁，还用他著名的手指做了一个不雅的手势！

当我在帕皮诺选区走家串户并在各类公众活动中露面时，我的初衷是了解为帕皮诺居民提供服务的各类组织和社会团体。这对我而言是个自然的选择。我早前参与公民行动和志愿者活动的经历来自卡提马维克基金会、滑雪安全宣传、性骚扰预防以及其他一些活动。帕皮诺民间组织众多，其宗旨涉及人们生活的方方面面，其中一项重要工作是帮助那些缺乏资金和社会关系的新移民，帮助他们获得合适的住房、儿童保育和就业机会。

位于弗乐瑞中心区的维勒雷区救济站就是这样一个组织。它的任务是帮助经济和社会边缘化群体掌握就业技能，获得自信，成为对社会有用的人。维勒雷区救济站的志愿者为当地居民分发食物，帮助他们预约医生，为家长们举办教育讲座，并向一些可能跌入社会深渊的人伸出援手。对于那些相对富裕的、无须为衣食和看病发愁的加拿大人来说，这类组织很陌生。但在弗乐瑞以及加拿大其他一些类似的地方，这样的组织把整个社区联系在了一起。

随着我对这些组织的日渐熟悉，我发现它们面临一个很大的问题：工作人员不得不花费大量时间来筹款。他们参加社会服务是为了帮助他人，而不是为了筹款以维持组织运行。

这些组织的筹资模式是这样的：它们每年都需申请一次资金，这意味着，如果来年政治家的关注重点发生了变化，这些组织就可能因为缺乏资金而岌岌可危。当这些组织需要申请资金时，它们就不得不找一些新的项目来迎合本地的联邦众议员以及省、市议员。这样的程序每年都要重复。我告诉这些组织，如果我当选帕皮诺联邦众议员，我将倡导一种新模式，为这些组织提供经常性的、可预见的资金支持，将员工解放出来，让他们专注于帮助他人。

造成上述问题的原因之一是，这些组织中有许多志愿者，这给了外界一种印象：他们的工作可有可无。这样的描述是不正确的。志愿者工作对弗乐瑞这样的社区已是必不可少的。如果志愿者们不再贡献，这个国家的许多活动都会陷入停滞。

谈到志愿者工作，我认为政治家应率先垂范。2008 年，雅里公园联谊会的志愿者组织发起了为选区内最大公园进行年度春季清扫的活动。我穿着 T 恤和牛仔裤，和我的几个志愿者一块儿去参加。市长也在那儿，还有巴尔博众议员和几位市议员，他们都穿着西装。我们戴上手套，拿起铲子，听了一段讲话，并照了合影。合影后，活动组织方对官员们说："感谢你们的出席。"巴尔博女士、市长和市议员们随后上车离开。让所有人惊讶的是，我和我的伙伴们走进公园，和其他志愿者一起干了三个小时的清扫工作。

第二年的清扫活动开始时，所有的政治家都穿着 T 恤和牛仔裤出现了，不是仅仅为了照相，而是为干活儿做了准备。我们树立的榜样是有感染力的。

我确信，我们应当超越对志愿者工作的传统看法，建设一种也许可称之为“忠诚志愿者主义”的事业：志愿者组织人手齐备，在私人捐赠和政府长期资助的支持下开展志愿者工作。我在卡提马维克基金会工作时就秉承这一立场。我确信这种模式能够推广到其他广泛领域的组织中。

帕皮诺也让我深刻认识到西方社会收入和财富不平等的问题。在帕皮诺的西面是皇家山选区和乌特蒙选区。这两个选区拥有全国最富有的几个社区。距离维勒雷区救济站仅十分钟车程的是汉普斯特德和乌特蒙地区，那儿的豪宅里有许多间不规则样式的卧室。但人们谈到帕皮诺社区的需求时，感觉帕皮诺和那两个富人区是在不同的星球上。

在帕皮诺，因为有许多父母太穷，他们的孩子只能饿着肚子去上学。一些孩子自己还不到独自步行上学的年龄，却要送自己更年幼的弟弟妹妹去幼儿园，因为他们的父母要工作，无法送孩子上学。当地食品银行的许多员工距离那些需要免费食品的人仅一步之遥，这些人基本上没有个人资产和退休计划。

在加拿大，富人和穷人之间没什么接触，这导致收入不平等问题日益严重。一代人之前，医生、律师、泥瓦工、老师、店主和店员住在同一社区是很普遍的。他们住的房和开的车也许大小不同，但他们往往在同一家店购物，在同一个公园散步，去同一座教堂。这些共同的经历使得政策制定者和立法者有机会了解中产阶级和穷人面临的问题，因为很多情况下，这些人是他们的朋友和邻居。现在加拿大的许多城市里，情况已完全改变。在帕皮诺的一些地区，你连着走过几个街区，也许都碰不到一个大学毕业生或是年收入达到六位数的人。而在乌特蒙和韦斯特蒙，你很难找到一个没有大学学历的居民。

有些情况下，生错了人家这种说法是真实的。在帕皮诺西部贫穷的公园延伸社区，三边分别被一条高速路和两条铁轨包围，向西的第四边是一道栅栏，离栅栏几英尺便是枝叶繁茂和繁华的皇家山。在皇家山居民眼中，这道栅栏是必需的。但在公园延伸社区，它却惹人讨厌，因为它象征着社会中日益扩大的经济鸿沟。

当我和一些从小家境富裕的朋友讨论财富和收入不平等问题时，我有时真想带他们去我的选区看一看，实地感受一下我所代表的选民们面临的挑战。严重的不平等问题并非如一些保守党评论家所说的是虚构出来的，也不只是阶级斗争的口号，这是个残酷的事实，明眼人一看便知。

不平等问题会随着时间的推移愈演愈烈，以种种看不见甚至感觉不到的方式对社会造成危害。在圣米歇尔和公园延伸社区，除非你不得不面对它，否则要想假装它不存在太容易了。正如我们对多元性持开放态度，我们对共同繁荣的态度也应如此。不平等是全加拿大的老百姓都面临的问题，我们如何应对将从长远上决定我们作为一个国家能否成功。在帕皮诺，我日益意识到，我们需要做得更多，以确保全体加拿大人都享有真正和公平地追求成功的机会。

从 2007 年底到 2008 年上半年，尽管当时自由党正面对巨大压力和紧张关系，我仍在帕皮诺努力竞选。斯特凡纳·迪翁是一位真诚、智慧和充满善意的领袖，但他就任自由党领袖时，仿佛走进了一个鲨鱼缸，围绕他的是党内其他派别的效忠者及一些潜在的竞争对手。一个无情的新领袖可能会开除所有与自己的竞争对手有联系的人，然后引入自己的亲信，但这不是迪翁先生的风格。况且，我想无论他怎么做，也未必救得了他自己。

2000年，让·克雷蒂安第三次，也是最后一次赢得了他的多数政府。2004年保罗·马丁带领自由党参加大选时，自由党成为少数政府。2006年，自由党在大选中落败，这是继1993年金·坎贝尔短暂执政以来的首次落败。我们正面临严重的问题，但一些自由党的忠实支持者却想当然地认为，2006年的大选结果只是一次不可思议的小失误，下次大选到来时，这个国家会清醒过来。他们没有意识到，赞助丑闻已经使许多选民疏离了自由党，特别是我所在的省份。令事情更糟糕的问题还包括让·克雷蒂安和保罗·马丁的多年积怨、自由党不愿接触草根阶层的惰性、对青年和少数族裔选民的忽视以及自由党惯有的傲慢和权利感。包括我在内的许多加拿大人都清楚地认识到，自由党已经淡忘了一个事实：要想赢得和维持人们的信任，需要付出艰苦的努力。

2008年9月7日，史蒂芬·哈珀总理造访总督府，请求米夏埃尔·让总督宣布举行大选，由此开启了我平生以来最繁忙的37天。人们告诉我："跟你的妻子吻别吧。接下来的五周里，你不会有太多时间见她的。"

每天7点我就开始工作了。选区里共有九个地铁站，我站在其中一个的入口处，向赶早班地铁的人们发竞选传单。地铁早高峰结束后，我走进选区里大大小小的商店和餐厅。这些商家在我进门时大多还没有客人，但这没关系。我会和店主及收银员交谈，他们对我而言很重要，因为他们也许会同意在店里摆放我的竞选海报，也许还会在顾客面前替我美言几句。

我尽可能多地和社会团体接触，比如魁北克省出租车司机专业协会，毫无疑问，这是一群很有影响力的群体。（想想看你和出租车司机聊过多少次政治？）午饭时间，我通常在竞选办公室和志愿者们一起吃饭，这样有助于鼓舞他们的士气。下午是拜访老年社区中心的好时候。拜访完毕我就要赶回地铁站，在那儿迎接刚结束了一天工作的人们。晚上我要忙着给社区领袖打电话，鼓励他们参加第二天的活动。睡眠时间只有几个小时，然后我就要起床，把上面的工作重新来过。

这些工作很辛苦，但我一直乐在其中。通过例行的工作，我学到了纪律，长了见识。不过我最喜欢的还是和帕皮诺的选民进行互动。政治中有许多东西是短暂的，还有许多是令人无奈的和毫无价值的。但你接触的选民将希望和信任寄托在你身上，这种希望和信任支持你走完所有余下的路。这让一切的努力都变得有价值。

竞选之夜的结果令人五味杂陈。18 个月前赢得帕皮诺选区自由党候选人资格时，我满心欢喜。这次我得了 17724 票，维维安·巴尔博得了 16535 票，我以微弱优势赢得了帕皮诺选区，这让我特别高兴。但和其他自由党人一样，我却连庆祝的心情都没有，因为自由党总体失利，只赢得全国 26% 的票数。保守党少数政府的议席数则从上届大选的 127 席增至 143 席。我在竞选后发表演讲，感谢志愿者的辛勤付出。虽然演讲的基调是积极向上的，但总体结果令人失望。

由于我一直专注于本选区竞选，所以我对自由党在全国和地方层面的大选结果出现的巨大反差感到惊讶和不安。此次大选中为自由党赢得新选区的众议员寥寥无几，我是其中之一。随即我就被拖离自己喜欢的社区层面的工作，被卷入毫无意义的政治博弈之中。

大选当晚，魁北克省资深新闻人、加拿大广播电台主播伯纳德·德罗姆在他主持的大选专题节目中采访了我。我是在自己的竞选总部戴着耳机接受连线采访的，我身后是满屋欢呼雀跃的志愿者。德罗姆向我表示祝贺后，抛出了一个酸溜溜的、大家都在问的问题：迪翁先生是否应该继续担任自由党领袖？

这个问题很棘手：自由党的议席数从95个减少到77个，这很令人失望，但显然还不至于糟糕到要终结迪翁先生的政治生命。我和很多自由党人都认为，他输在运气不好。要在一个大选周期克服党内积重难返的结构性问题，任何领袖都无力回天。

我回答德罗姆说："迪翁先生是一个智慧和正直的人。他对这个国家的未来是有远见卓识的。我有很多方面要向他学习。"

德罗姆问："所以你在告诉我，你支持他继续担任党领袖？你愿意给他第二次机会？"

我说："我们不是在讨论党领袖问题。自由党有领袖，我很愿意为他服务。"

德罗姆用嘲笑的口吻说："你学得不错嘛。这不是个明确的回答。"

我说："那么给我一个明确的问题。"

德罗姆笑着说："你让我想起了你父亲！"他接着又问："迪翁先生是否应该继续担任自由党领袖？"

我告诉他，斯特凡纳·迪翁应该继续担任自由党领袖。

德罗姆说："很好。这个回答很明确了。加油！"

这是一场比较激烈的交锋。记者们爱报道党内的派系纷争，特别是自由党。如果他们听到我在自由党议会党团数减少时对党领袖发起攻击，没有什么会比这个更让他们高兴的了。我不会那样做。迪翁先生是个非常聪明和正派的人，他在关键的岗位上为党和国家服务了十多年。即使大选夜的结果令人失望，他的未来也不应该被闲聊者所左右。

另外，我有其他需要专注的事情。我在帕皮诺街上花了近两年时间，使人们相信我参加竞选是为了做正确的事情，也是为了他们。现在我迫不及待地想要作为他们的代表到渥太华去，代表这些看到了我的努力并把信任交付给我的人们。我希望——也许这种希望是幼稚的——这种草根政治模式的成功能成为本党的一个小小范例。

在 2008 年大选之夜，我对自由党怀有的最大愿望是，失败将使我们汲取宝贵的教训：我们与加拿大人民的联系已变得很弱，我们必须努力工作，从头开始重建联系。

第七章

新议员的生活

2007 年 2 月，我正在备战帕皮诺选区联邦众议员自由党候选人的提名选举。一天，索菲让我坐下，对我说:“今年你在帕皮诺选区做的一切会改变我们的生活。但我这儿有件事会给我们的生活带来更多改变。”

她拿出了一张妊娠测试纸（后来她承认，那是她当天下午进行的第五次测试），一段蓝色线条清晰可见。我欣喜若狂。在我的生命中，没有比成为一名父亲更让我期待的了。我曾有一位杰出的父亲，他为我树立了榜样，激励我也要成为一名像他那样的父亲。我和索菲自结婚之日起就一直想要孩子。我充满了兴奋和期待之情。

一切都一起来临。遇到索菲，我找到了终身伴侣；通过政治活动，我开始了公共服务职业。现在，我们将开始一个家庭，这是其他一切努力的原因和动力。

格扎维埃·詹姆斯·特鲁多出生于 2007 年 10 月 18 日，那天恰好是我父亲 88 岁诞辰。他的中间名被定为“詹姆斯”是为了向我外公辛克莱致意。格扎维埃胖嘟嘟、乐呵呵的，和他妈妈一样长着一双绿色的眼睛，个性率真、善良。他在草地上和水中都无所畏惧，健壮而好动，只是有点怕生。

2009 年 2 月 5 日，在格扎维埃出生 16 个月后，埃拉-格蕾丝·玛格丽特·特鲁多跟着出生了。埃拉美丽、平和。她主意多，意志坚定，头脑敏捷，很快就开始满屋子乱转。她父亲呢？好吧！没什么可惊奇的，她总要我牵着她的小手。

格扎维埃出生时，我是一位距大选还有几乎一年的自由党联邦众议员候选人，我休息了几周，头几个月几乎全在家帮忙。埃拉出生时，我是一位新议员。她出生在一个周四，周六我们就出院回家了。在接下来的周二下午，我就驾车回渥太华投票。我的陪产假共四天半，其中两天是周末。

因为我的童年经历，我知道政治对家庭和亲人会是多么冷酷，在我竞选联邦众议员前，我就征得索菲的支持和祝福。但以父亲和丈夫的身份从政又是另一回事了。

作为众议员，我通常周一早上从蒙特利尔出发，在渥太华住四天并出席议会活动，周四晚上回蒙特利尔参加选区活动。周五在选区办公室出席会议和向选民提供咨询。周六全天都是选区活动。大多数情况下（但不总是如此），周日留下来陪伴家人。

当议员的第一年，索菲和我租了间距议会步行 15 分钟的带家具的两居室，想着过不了几周，全家就会搬到渥太华，但那最终根本没有发生。因议会投票，我的工作日时间长，而且没个准。索菲的圈子、家庭、朋友都在蒙特利尔。第二年，我在渥太华期间就改住酒店了。

离开妻子和孩子非常不易，但我也发现，这给了我的人生新的视角。每周，当我从渥太华驾车回家时，我就问自己几个简单的问题：我离开家人付出的时间到底值不值？我是在一心服务于他们将成长的世界，为他们创造更美好的未来，还是在玩政治的游戏，积累廉价的政治资本，尽力获胜？我不能假装总是能正确地回答这些问题，但自问这几个问题的习惯让我在心底明白了什么最重要。

说实话，得到那些问题的答案比你想象得容易得多。议会里都是好人。他们一心服务好加拿大人民，一心努力解决困难，找到国家发展的最佳方向。这些事情没多少成为头条或晚间新闻。我第一年的目标是执行一个简单的策略：低调做人高调做事。

现在仍管理我议会办公室的亚历克斯·朗蒂耶给了我极大的帮助。后座议员办公室的预算不多，仅够在渥太华聘一位全职助手和一位兼职助手，在选区办公室请两位全职助手和一位兼职助手。亚历克斯在自由党部长办公室多年的工作经验帮助我们超实力发挥。因为他请一些半退休的老手把事情安排好，并找聪明、肯干、学习能力强的年轻人来帮忙。

我的重心在帕皮诺。在诸多需要学习的事情中，代表好我的选民显然是最重要的。不仅是因为我主要的身份是联邦众议员，而且是因为我知道，我的选民遇到的各种困难代表了全国许多加拿大人民正努力克服的各种挑战。因此，我在两个层面上服务我的选民：通过我的选区办公室直接帮助选民，比如移民和签证、失业保险、养老金延迟发放以及其他他们需要联邦代表帮助解决的问题；此外，在渥太华议会上，我尽力从对我的选民可能产生的影响这一角度审议立法和政策。

我有时被问及，当过老师的经历怎样帮助了我成为一名好议员。将所有的答案都教给学生的老师不是好老师。了解学生的需求、为他们创造条件、使他们自己找到答案的才是好老师。我的目标是使他们靠自己取得成功，必要时帮助他们渡过难关。同样，我认为作为一名好的议员就是帮助政府为社会设计某种架构，在这个架构里，人们能成为参与其中的、成功的公民，政府在必要时给予需要帮助的人一点额外的支持。

在我的选区，选民需要一位积极、有力的议员代表他们。当我走在帕皮诺的街道上，人们会带着各种各样的问题来找我，有些事情与联邦政府管辖权无关，比如垃圾回收者收集垃圾时制造的噪音太大吵醒了孩子，邻居播放音乐分贝过高或烹饪气味弥漫了公寓楼，有人无力支付违规停车被罚的50加元，有人不知道失业保险和老年社会保障等社会保障项目的领取资格。我努力过，但显然无法直接帮助所有这些人。当我不能帮上忙时，我总是会用心帮他们联系到能提供协助的人。

在帕皮诺选区，选民咨询最多的一直是公民资格和移民问题。任何想了解政策对民众现实生活影响的人都应和那些来到议员选区办公室的人交谈。他们的很多要求都是关于访问签证或家庭团聚移民申请的。一个典型的案子是，一位移民有了孩子，想从祖籍国接一位孩子的祖辈来帮助照顾新生儿，或许仅照顾几个月。我们的做法是，和那对夫妇面谈以确定他们申请的合法性，然后再向移民官写信表示支持。

在永久居民身份申请已经提交的情况下，联邦议员在加快审批进度上也做不了什么。这些案子可能需数年时间才能走完流程，这使申请人处于不确定状态。我们能提供的唯一帮助就是向移民官了解申请进度，个人通常很难了解到。

无数民众在这方面受挫，这让我深信，保守党大肆宣扬的移民改革在渥太华得到的赞颂名不副实。哈珀先生的一些做法使我们开始失去一些对我国至关重要的东西。自从自由党人威尔弗里德·劳里埃自19世纪90年代初推行加拿大历史上最雄心勃勃的移民扩大计划以来，我们就一直明白，移民政策本质上是经济政策。但那些对国家历史缺乏了解的人却常常声称那是保守党的创举。没有移民就不会有多少增长，移民的经济意义一直都得到认可。然而，移民不是简单的小部件制作工人。我认为，目前的政策忽略了移民最重要的角色：国家建设者。从目光短浅的限制家庭团聚的移民政策到对临时外国劳工的不当管理，加拿大在移民问题上的独特观念——人们来加拿大是为了追求新生活，而不仅仅是为了一个更好的工作——正在慢慢倒退。我们应该把新来的人视为社区的建设者、潜在的加拿大公民，而不仅仅是雇员。

多元社会给我这样来自城市选区的新议员带来了一些有趣的挑战，其中最大的挑战就是，一些选民错误地估计了代表他们的联邦众议员所拥有的权力。在许多发展中国家，政治人物可以随心所欲地超越制度限制，可以一个电话就销掉某人的应缴税账单、捞亲人出狱，或要求就某个移民案子立即采取行动。在这些国家，解决问题最大的困难是见到当地的政治人物，因为一旦踏入他们的办公室，你的问题就会很快得到解决。接近那些政治人物往往需要借助于有权力的朋友或金钱，或者二者兼用。

这可以解释，为什么来自一些国家的移民常常感到惊讶，因为他们几乎可以每周五都迈进我的选区办公室并直接和我谈话，而他们祖籍国的政治人物身边常围着保镖。有些选民会带着他们的牧师、阿訇或主要社区领袖的助手来为他们作证，这在加拿大毫无必要。

多年来，我与选民的交流让我了解到普通公民眼中的政府形象。民众对政府最大的不满是，政府与老百姓打交道时不够人性化，有官僚主义。从某种程度上说，这是不可避免的。因为联邦政府需要满足3500万人的需求，必须依靠计算机程序、格式化信件和自动语音菜单。尽管如此，公务员和公民面对面的直接交流仍然可以发挥重要作用。即便我们无法帮助一个选民，政府中的某个人也愿意面对面地和他讨论他的处境，这至少会让他心怀感激。联邦政府在与市民沟通和提供帮助方面应该可以做得更好，事实上，也必须做得更好。

这也是我认真答复选民来信的原因之一。事实上，大多数议员都勤勉于此。但我却面临一点额外的挑战。寄往议会山的信件无须贴邮票，选民常常将信件寄给他们选区的议员、政府总理、反对党领袖及其他他们认为可能会同情、帮助、支持他们的议员。我原想这是件好事，然而自我就任议员第一天起，我的办公室就收到了大量来自全国各地涉及各种问题的信件。

回信的工作量远远超出我的议会办公室的处理能力，而帕皮诺选区办公室又在全力以赴地处理选区内的问题。所以，亚历克斯想出了一个办法。我们开始招募以学生为主的年轻人来当志愿者或实习生，他们每周来几个小时，帮助答复一堆堆的信件，换得在议会的工作经验和近距离接触政治的机会。

在我参加活动时，如有年轻人对我说他们对政治感兴趣，我就会表示，欢迎他们到我的办公室来帮忙。因此，在一些日子里，我那只有三间房的小办公室的每个角落，包括我的办公桌，都被青年志愿者利用起来，他们在那里回信或在电脑上写东西。我喜欢这样：身边的年轻理想主义者可以让我免受议会山上司空见惯的愤世嫉俗的烦扰。

与其他新议员相比，另一个我要额外面对的挑战是更多的媒体关注。在这个问题上，我当选议员前一年半的时间里在帕皮诺选区所做的工作被证明极有价值。首先，我想当帕皮诺选民有价值的代言人，我对选民讲得越多，我与媒体交流时就能表现得越好。我非常了解我的选民：他们的需求、忧虑和梦想。我说我的选民越多，就越不会落入记者们设计的陷阱和臆测，而他们往往乐于在“议会山上的新特鲁多”之类的采访中作出评论。

不仅如此，在帕皮诺选区的努力工作对我认识议员角色有不可估量的帮助。我记得曾看过一段对某位年轻演艺新秀的采访，在被问到为什么能取得成功时，那位新秀回答说，他很幸运能做自己热爱的事情。因此，每当有人敲开他的家门，告诉他应该改正过去的错误时，他总是洗耳恭听。我想，我们的人生经历中都曾有过这种感觉。

但自我踏入议会办公室的第一天起，我就从未有过那种感觉，一次也没有。因为我姓特鲁多和政敌对我时有攻击，我似乎可以有那种感觉。但我知道为了当选，为了赢得选民的信任，我曾多么努力地工作。我靠自己的努力赢得进入众议院的权利，没人可以剥夺我的这一权利。赢得党内初选和大选中的艰难竞争让我深信，我的位置是我的努力应得的。这一信念让我在很大程度上能对那些肮脏、负面的攻击一笑置之。

对于媒体，我最大的挑战也许是学会如何与记者混战。所谓混战就是在议会大厦的走廊里，政治人物被记者成群围住，并被无序地问一系列问题。作为一个受到良好教育、有礼貌的人，我的本能反应是如实地回答。作为一名老师，我通常尽量说明我的理由和正当性，我会举例子，确保我说话时他们能够理解。

但混战不是采访或演讲。记者们并不需要详细的解释，大多只需一句简练的话引用到报道里或一段四秒钟的视频片段插在新闻播报中。政治人物扯得越多，被报道的最有意思的部分越不可能恰当地反映他的原意。因此，我的挑战在于深刻、精练地回答记者们在 10 到 15 分钟的混战中提出的各类问题。

我的问题是，我确实觉得与大多数记者的对话很有意思、令人愉快。一段有意思的对话常常天马行空，最好的记者（就像我以前的学生）常常以间接发问的方式与我互动。但我围绕中心意思发挥得越多，中心意思越不可能被传达给加拿大民众。

混战确实曾一度制造了充满诗意的神奇时刻。加拿大成年人几乎都知道我父亲那句著名的话“看我的！”（Just Watch Me!）那句话就是在一次类似的混战中讲出的。那是在 1970 年，魁北克解放阵线杀害了一位魁北克省政府内阁成员，绑架了一名英国外交官。一天，加拿大广播公司的记者蒂姆·拉尔夫拿着麦克风在议会大厦门口等待我父亲的汽车抵达，在我父亲步入议会大厦时拦下他，并问他是否会采取严厉措施保护加拿大人免受魁北克解放阵线的威胁。这位记者的提问表明，他认为总理所采取的保护加拿大公民的行动正在侵犯公民自由。于是一位加拿大总理与一位咄咄逼人的记者围绕严肃的国家安全问题展开了自发的辩论。在当今这个照本宣科的时代，那段精彩对话的视频很值得一看（现在在 YouTube 网站上能找到）。令人惊讶的是我父亲直接、不含糊其词和令人鼓舞的回答，还有他详细、彻底地回答了拉尔夫的全部问题。

我初到渥太华时，头脑中就想效仿父亲的模式，与记者们进行开放、自由的交流。但时代已经变了。在这个推特盛行、超越党派政治、原声报道的时代，没有几位政治人物——包括我们的现任总理——会与记者进行那样坦率的讨论。如今的政治人物都是以记者的提问为引子，重申本党的热门观点，而不是直接、坦诚地回答问题。在当今的渥太华，我父亲回答记者提问的那种方式没有什么生存空间。至少现在是如此。

我在议会的第一个正式议案是一个关于青年服务的个人动议。在众议院，所有的后座议员都有机会被随机抽到，提出一个法案或动议，议会会投票表决。法案通常用于提出或修改法律，动议通常要求议会的某个委员会研究某个问题并形成报告。

我的目标是让议会意识到青年志愿服务的重要性。我为卡提马维克基金会奔走呐喊的经历让我深刻体会到，要让议会理解青年志愿服务的重要性有多难，这不仅对青年自身，而且对全加的各类组织和社区都很有意义。我无意借此捞取政治资本，也无心让其他政党难堪，只想让议会就青年志愿主义以及政府如何设计全国性的青年服务制度以支持青年志愿服务展开研究。因此我提出了 M-299 号动议，倡导制定一个支持青年志愿服务的全国性政策。

当动议被保守党和魁北克集团挫败时，我即刻明白了所有为青年发声的政治人物都面临的无法摆脱的困境。青年认为政治人物不关心青年问题，所以在政治人物投票反对他们时也不会感到特别愤怒。而且因大量青年在大选中不投票，政治人物也就无意在青年关心的议题上投入时间或精力，这又进一步导致青年远离政治。这种循环周而复始，需要政治领袖的个人努力去打破。

这一经历更加坚定了我在全国范围内为青年大声疾呼的决心。我要确保至少有一个强有力的、直言不讳的政治人物在为青年战斗。

我在委员会的工作也使我更深刻地了解了议会政治的运转。议会委员会由一群议员组成，负责审议立法和在某个特定领域开展研究。一个法案草案要先在议会全会上读过，如通过就会交给相关委员会研究。委员会内各党议员都参与审议，听取专家意见、证人证言和利益相关方意见，提出修改和完善建议，然后提交议会全会作最后表决。

至少，议会政治本应是这么运作的。我的经验是，证人证言、专家建议或反对党议员的建议远不如某个问题获得的关注或政治争斗影响大。我第一年在环境委员会，之后在公民资格和移民事务委员会。在前一个委员会，政府关心的是让政府看起来很注重环境保护，但实际上尽量能不做什么就不做什么。在后一个委员会，政府自认为已有解决所有问题的办法，认为任何表示不同意或提修正意见的人一定是极端的反对党分子。

我曾尖锐地询问证人，就各种措施或建议进行详细的讨论，常常非常成功地挑战了保守党自鸣得意的环境保护成就。尤其是通过一些交流，我确切地感到，在改进政府行为方式方面，或至少在引起社会关注政府令人不耻的行为（不关心这片滋养我们的土地）方面，我作出了微薄但有意义的贡献。但事实真相是，在那些日子里，委员会的大多数程序就像刀剑划过池塘的水面，仅产生稍纵即逝的小小涟漪。

在我担任第一任议员期间，加拿大的政治版图发生了巨变。2008 年 10 月联邦大选后六周，反对党人均表示，因政府的预算情况披露得不够充分，他们将对保守党少数政府进行不信任投票。这样我们就能组建一个由 77 个自由党席位和 37 个新民主党席位组成的联合政府。魁北克集团同意在信任投票中支持这个联合政府。但在我们采取行动前，总理要求总督米夏埃尔·让下令议会休会到 2009 年 1 月，此举有效地阻止了不信任投票。

理论上讲，新联盟应可以持续到过了新年。但实际上，它几乎立刻就分崩离析了。

在我们的议会制度里，政府由可以赢得并保持众议院信任的政党或政党联盟组成。公民通过选票将议员选进众议院，众议院决定谁行使权力。在多数党政府情况下，一党拥有半数以上众议院席位，可赢得信任投票并组阁。但在少数党政府情况下，没有任何政党可单独控制议会，因此通常是获得最多席位的政党在得到其他政党支持后赢得议会信任并组阁。保守党少数政府失去了其他政党的支持，其他政党准备共同组建一个在众议院有足够席位赢得信任的政府。这在理论上是绝对合法的，但事实上，合法性仍需要公众支持。

保守党人为他们政治上的存亡而战，他们用强大的宣传组织以两种方式破坏公众对不信任投票的支持。第一，他们无耻地歪曲议会制政府的实际运作及其惯例，宣称："史蒂芬·哈珀赢得了大选，现在那些失败者想夺走权力。"这很容易理解且听起来很有说服力，即便说明政府的合法性是由议会众议院赋予的，也很难反击保守党的论调。那一周，这个听起来合理的攻击每天都压倒了对议会运作真相的解释。

第二，保守党强调，新的执政联盟需获得主张魁北克独立的加拿大主权主义者的支持才能执政。且不说保守党自己在少数党政府和作为反对党时也曾请求和依靠过魁北克集团赢得支持。现在，当对保守党人有利时，他们就反过来炒作这个易被发挥的话题，称“魁北克主权主义者会控制加拿大”。哈珀总理甚至在众议院声称，在之前举行的新执政联盟联合协议签订仪式上没有加拿大国旗，而这一说法被证实是假的。

但在政治上，感觉往往胜过事实。我们在传递出我们的信息方面做得不是很好。关键的事例出现在危机最严峻的时候，当哈珀在电视上向公众宣传他的说辞时，自由党领袖斯特凡纳·迪翁应马上发布回应，但迪翁的团队未能赶上媒体传播的时间点及时发布。等到当天晚上发布时，迪翁的反驳模糊、不专业，就像是在一个便宜的手机上录制的。这不是任何人的错，但迪翁作为党领袖受到了指责。木已成舟，当总督第二天同意总理休会时，游戏结束了。

那天晚上的事件给我和其他自由党人的启示很明确：自由党仅有价值观和想法还不够，还需要以专业、严谨的方式宣传这些价值观和想法。

四天后，迪翁宣布辞去自由党领袖职务，此举引发了自由党的又一次领袖更替。这次更换定于 2009 年 5 月在温哥华举行，迈克尔·伊格纳季耶夫、鲍勃·雷、多米尼克·勒布朗都对党领袖一职有兴趣。一些人也说我或许会角逐党领袖职务，但我当时丝毫没有那种想法。我对党领袖职务争夺丝毫不感兴趣，很快决定担任自由党大会共同主席这一中立角色。幕后操作很快使多米尼克·勒布朗和鲍勃·雷退出，这意味着迈克尔·伊格纳季耶夫成为加拿大自由党领袖。

伊格纳季耶夫先生身上有许多优秀的品质。他是一位有思想、魅力过人、见多识广的知识分子，准备以他的哲学情怀改造这个混乱的政治世界。这种人物让我想起了我的父亲。事实上，你可以得出一个令人信服的结论：伊格纳季耶夫先生在从政前更加成功。但为什么他们两人一个成为非常成功的总理，一个却将自由党引向大败？

由于旅居海外多年，迈克尔对加拿大政治缺乏直觉，这使他易于受到攻击。更关键的是，他处在最糟糕的年代。自19世纪初劳里埃领导自由党以来，他在自由党最弱小的时期回到加拿大领导自由党，面对的是哈珀领导的保守党这样的对手，保守党善于使用加拿大从未有过的最阴险、负面的广告攻击对手的弱点。当保守党猛攻迈克尔时，这些攻击很有杀伤力。这一部分是因为当时的自由党缺乏现代筹款能力，无力以同样数量的广告进行还击。但最主要的还是因为自由党已脱离加拿大民众，且忙于内斗而无暇顾及这一点。我们为此付出了代价。

即便如此，自由党人均未预料到自由党会在2011年5月的联邦大选中一败涂地。当最后一张选票统计完毕时，我们在众议院的席位减少至34席。史蒂芬·哈珀的保守党最终赢得166席的多数，杰克·雷顿领导的新民主党升至103席，自由党降至议会第三位。

我在帕皮诺选区获得连任，但在选举当天晚上，我和助手及志愿者们仍然感到悲伤。我们自由党人遭遇了自由党 144 年的历史中最沉痛的惨败。我当时想，这是长期以来一系列严重错误的结果。一定意义上，我并没有那么震惊。因为在此之前，我就从骨子里感觉到，自由党与国家的联系极其微弱，自由党长期脱离民众，影响力下滑，在大选中惨败是必然结果。

大选那天晚上，一些观察家们严肃地质疑自由党是否能够继续生存。这并非危言耸听。仅仅七年，自由党从一个强大的议会多数执政党沦为被远远甩在后面的议会第三大党。党领袖连任失败，全加拿大的自由党人都在严肃地思考党的未来。

第八章
通往领袖之路

2011 年大选过后，我想得更多的是自由党的存亡，而非我是否要领导这个党。我们遭受了重创，这是无法掩饰的事实。同 1993 年进步保守党从手握绝对多数议席下滑到仅剩两个议席的遭遇相比，我们虽不至于那么富有戏剧性，但也相差无几。

然而在某些方面，我们可能更糟糕。保守党遭受的是突发性、灾难性的打击，而自由党的情形却更像温水煮青蛙。2000 年大选，自由党赢得 172 个议席，组成多数政府，2004 年减至 135 席，变为少数政府，2006 年终以 103 个议席沦落为反对党。2008 年我首次参选，那次自由党仅获 77 席。由此看来，我们不能把 2011 年大选仅获得 34 席的结果简单看作是出现了异常，或是某种不可思议的事情。实际上这个趋势持续了较长时间。十年间，自由党一步步地流失了近一半的选民。由此我确信，除非进行根本性的变革，否则我们的结局将会像那只青蛙一样。

大家对自由党遭遇的 2011 年大选溃败有不同的解读：有人指责保守党的负面攻击广告，有人归咎于保守党进攻性的动员和筹款努力，还有很多人认为这是迈克尔·伊格纳季耶夫领导的后果。我认为，上述这些看法过于简单化了，而且是错误的。这是加拿大人民给予自由党的迎头痛击。直面这样的真相往往是痛苦和困难的。我知道，许多自由党人至今仍不愿接受这一事实，但牢记这样的事实非常有必要。

在自由党十年执政时期，面对一个分裂的反对党，自由党只关注自身的事情而没有考虑支持、选举、信任自己的加拿大人民。对许多自由党人来说，自由党是加拿大天然的执政党，这是不言而喻的事情。但对我来讲，这恰恰就是事情出错的根源。一个又一个自由党人经常张口就说："自由党创建了加拿大。"他们甚至把它当成了信条。17个月后，当我踏上自由党领袖竞选之路时，我想说，不是自由党创建了加拿大，而是加拿大创建了自由党。

和太多成功的组织一样，自由党将自己的成功视为理所当然的，甚至将其作为自然规律的一部分，但却忘记了自己最初是如何取得成功的。自由党在20世纪做得很好，那是因为自由党同遍布全国大大小小社区的加拿大人民都保持着密切联系。自由党成为他们实现理想、希望和梦想的平台。但我们渐渐地失去了那种联系，这很可能是从我父亲担任党领袖时开始的，他（说得好听些）也许在党的基层培养方面花的工夫太少了。过去十年状况不断恶化。当时自由党作为保守党少数政府的反对党，太多人认为我们仅需作出少许调整即可重新上台执政。这都是根本性的错误。不论怎样，现在确定谁之过已没有任何意义。问题是，2011年的选举结果并非早已注定，而是我们自己造成的。加拿大人民和自由党之所以割裂，问题出在自由党身上，而不是人民身上。

那年春天我脑子里想的真正的问题是，现在我们已经跌入谷底，我们的党意识到这一点了吗？

作为自由党最知名的"幸存者"（在2011年这样的背景下，

很难用“获胜者”这个词）之一，我有责任在本党败选后面对媒体。我知道我会被问及是否将寻求担任党领袖。我无意这么做，同时也担心在这个问题上的任何模糊立场都可能催生另一轮负面事态，让一些自由党人产生自欺欺人的想法，认为有捷径重获民心，重新执政。我在采访中传递的信息直截了当。我说有一件事并且只有一件事才能把我们从自己给自己挖的坑里捞出来，那就是努力奋斗。我那时和现在都坚信，加拿大人民将从两方面评判自由党，一是他们是否感觉到我们真正领会了他们发出的信息，二是我们能否持续地向他们展示严明的工作道德，这是重获他们的信任所需要的。

就像铃声挽救了一位步履踉跄的拳击手一样，2011 年的夏天在我们对大选进行反思后不久就仁慈地来临了。那个夏天大部分时间我都和索菲以及孩子们在一起。我们同家人和朋友去了不列颠哥伦比亚省，给自己充充电。格扎维埃和埃拉-格蕾丝开始探索奇妙的西海岸沙滩。我们将大选抛之脑后，花了许多时间讨论我们的未来。

那个夏天从其他方面来看也是一个反思季。我步入了 40 岁，我想以某种永恒的、类似个人遗嘱的方式来加以纪念。在我很小（五六岁）的时候，我父亲带我们去了太平洋沿岸的夏洛特皇后群岛。在那个无与伦比的地方，也是地球上最美丽的地方，海达人已经生活了上千年。他们用一种时间尺度来度量他们在那片土地上的文化历史，这种时间尺度对作为欧洲移民后代的加拿大人来说是全然无法理解的。

在一场为我父亲举行的仪式上，海达人也给予了我和我的兄弟们只有极少数人才能享有的殊荣，我们被授予“魔鸟之子”的荣誉称号，这对我们来说是无功受禄。这种开放、善意和友好的姿态令人感动。我和孩子们在西海岸的那个夏天，我思考着自己的未来，处处感觉到我们的人生如此短暂，转瞬即逝，西海岸原住民那种持久的历史存在感，则给人某种安慰。想起35年前我感受到的那份善意，我以一种非常现代的方式加以回报：我将罗伯特·戴维森设计的海达人魔鸟图案文在我的左肩上。这个图案后来风靡全球，但我多年前就把它文在身上了。

我讲这个故事并不是要给第一民族增添浪漫色彩。我曾在许多偏远的原住民社区待了很长时间，就是想弄清楚第一民族、梅蒂斯人以及因纽特人所面临的挑战。同关注过去的事情一样，我这样做，也是在为未来着想。我想提醒加拿大人民，我们生活中存在着一个基本事实：我们没能同第一民族建立起一种令人尊重且运作正常的关系。这是加拿大尚未解决的一个最大的问题。

事实上，我想说的远不止这些。第一民族的困境，以及我们这些非原住民对于给许多原住民带来痛苦的赤贫和不公的容忍，是加拿大最大的道德污点。举一个可能是我们不愿面对的最深刻的例子，失踪以及被谋杀的加拿大原住民妇女超过了1100人。政府拒绝就此展开任何调查，这令人感到羞耻。

即便如此，令我感到困惑的是，保守党人清楚地感觉到他们生活在一个不会因其不作为而受到惩罚的政治环境中。对哈珀先生来说，这根本就不是事儿。但一个值得注意的例外者是保罗·马丁，他通过《基洛纳协议》创建了解决众多此类问题的政策框架和原则，他取得了重要进展，这是大多数加拿大总理想都不敢想的。

这方面的进展主要是通过法庭取得的。第一民族人民根据宪章以及其他保护他们权利的法律提起了诉讼。第一民族目前的处境必须得到改变。加拿大与原住民的关系对我们的民族性格是有决定性意义的，但目前却成了我们国家发展的一个现实障碍。法庭告诉我们，加拿大全国各地的第一民族社区都有权利得到公平的、真正的成功机会。我们在他们的土地上开发资源时，不能将他们置于脑后。

我们在温哥华岛上听到了杰克·雷顿不幸逝世的消息。杰克这个人无法不让人喜欢。尽管我俩在政治上是对手，但我对他在我家乡魁北克省取得的成就钦佩不已。在许多观察家看来，橙色风暴属于一夜成名，但就像所有此类事情一样，它是经过多年酝酿才形成的。自雷顿先生担任新民主党领袖之日起，他把在魁北克省取得突破作为最高要务。我相信他最亲近的圈子里不少人也会认为，这充其量只是新民主党的一次拓展，但他却坚持下来。他顽强自律，一直等到机会出现。机会来时，他已经准备好了。这是他取得重大成功的经验之一，值得我们学习。但他在成功后不久即罹患癌症而倒下，这让他的不幸去世更加令人心酸。我和他仅说过几次话，但和每个遇见他的人一样，我总是被他的风度和友善打动。

加拿大公共部门仍然怀念杰克·雷顿。

也许是这一悲伤的消息让我决定不去竞选自由党领袖，对此我不太确定。我能确定的是，作出不去竞选的决定之后，我内心无比平和。我曾说服自己，太多的自由党人会将我竞选党领袖看作是完成未来艰巨任务的另一条潜在捷径，尽管我决心要在这件事情上发挥积极作用。我在9月召开的首次党团会议上告诉同事，我不会去竞选党领袖，但我对未来感到兴奋，期待着卷起袖子大干一场，让我的手指甲里充满泥污。

在这段时期，很多人质疑自由党是否还有前途。一些严肃的学者著书立说，认为我们即将消亡。我们魁北克人对自由党的生死存亡看得尤其明白。在魁北克之外，很少会有加拿大人对我的家乡魁北克省解散戈梅里调查委员会表示赞同。不管你如何看待自由党内部纷争中谁对谁做了什么，在数百万魁北克人心中，自由党的基本操守受到严重质疑。没法希望状况消失，没法假装从未发生过，新的领袖也无法回避。我们跌入了深渊，赢回魁北克和其他地区加拿大人信任的唯一办法，就是长时间的努力工作。

尽管存在这些非常现实的问题，但我从未怀疑过自由党的未来。我相信，加拿大人民想要一个具有真正国家意义的、非意识形态化的务实政党，一个能联系民众、关心民众的政党，一个能让民众对自身、家庭、社区和国家抱有希望和梦想的政党。我们也许不能完全做到这一点。但我们作出最大努力后，自由党可以成为一支团结的、具有建设性的国家力量，一个自威尔弗里德·劳里埃以来一直努力在民众之间建立共识的政党。但民众的差异很容易被无所顾忌的政治游戏和政客们利用，从而造成民众间的分裂。

民主有很多伟大之处，其中之一就是民主往往能经过一段时间进行自我纠正。如果一个政府变得过于以自我为中心或脱离民众，这个政府就会被取而代之。如果民众想要新的政治力量，他们将会创造一支。我一直认为，加拿大人民想要一个像曾经的自由党那样发挥核心作用的政党。问题是，在遭受有史以来的惨败后，自由党还能否重振雄风？换句话说，历史悠久的自由党还能否成为加拿大人需要的21世纪的政治力量？

2011年大选后的几个月内发生了几件具有关键作用的利好事情。首先，鲍勃·雷成为自由党的临时领袖，这使党的高层稳定和冷静下来。鲍勃在那个时期的重要性怎么强调都不过分。他树立了威信，建立了一套自由党急需的有条不紊的专业管理风格。最重要的是，他通过努力奋斗树立了典范。他不接受当时流行的说法：自由党将不可避免地被扔进历史的垃圾桶。2011年许多人等着看自由党出丑的时候，很少有人意识到鲍勃·雷的不屈不挠对自由党是多么重要。

其次，党的基层果断动员起来。全国各地的人都奋起迎接挑战。2012年1月在渥太华召开党的政策大会时，饱受指责且时常被疏远了的自由党基层民众纷纷到会出席。我必须承认，那个周末到处展现出的明确无误的热情让我感到喜出望外。这也是一个教训，让我想起了我在帕皮诺的经历。当你身处渥太华喧嚣的世界里，你会很容易被人们的所思、所写、所谈牵着走。主风向会营造出自己的氛围。2012年的大会让全国自由党人在大选后首次有机会聚在一起，也对当时风头强劲的主风向作了回击，令人鼓舞。

某种程度上，我们的惨败为我们的涅槃重生铺平了道路。作为排名第三的政党，我们有余地来讨论有争议的问题。那些问题在我们作为执政党时是从不会去考虑的。有趣的事情接踵而来。在2012年的大会上，77%的代表投票支持一项大麻合法化的动议，我们没有感觉到有什么不妥。当代表们果断支持一项维护妇女堕胎权利的动议时，我们让自由党变成了一个真正自由意义上的政党。

我们作出了不那么突出但同样重要的决策：将党的管理和政治运作方式现代化。我们选举迈克·克劳利为党的主席。他曾打出竞选口号“一个大胆而全新的红色[①]”，并为自由党开展专业化筹款制订了雄心勃勃的计划。最重要的是，我们重塑了党的架构，以吸纳新的“支持者”，即那些与我们有共同价值观、对选择下一届领导人有发言权的加拿大人。支持者队伍也为自由党的筹款和信息传播建立了一个广泛的基础。这有助于我们掌握现代政治运动网络化的新规律。几十年来，政党一直通过广播媒体、群发邮件和电话银行等方式同民众保持联系。2008 年巴拉克·奥巴马在美国总统大选中的获胜改变了这一切。现在，最重要的政治传播方式是通过社交媒体进行点对点的传播。那些为自由党创建脸书主页或吸引数千推特粉丝的人可能无暇或不愿出席党的会议。当他们在党的组织架构内找到自己的位置时，他们就会充满激情地去开展工作。

2012 年党的政策大会之后的几年里，自由党的发展取得显著进展，无论从哪个角度来衡量。作为一位兴趣浓厚的参与者和观察者，我确信自由党终于开始吸取教训，愿通过努力奋斗，赢回加拿大人民的信任。尤其是大批年轻的自由党人开始行动起来。关键时刻往往是这样，年轻人能搞明白什么才是利害攸关，并把未来掌握在自己手中。在这些有志青年当中，许多人将会在我竞选党领袖时担任重要角色，现在他们正成长为遍布全国的社区领

① 自由党的代表色为红色。

袖。部分人将成为下届或未来大选的候选人。其他人则将通过从事志愿者工作展现其公民意识。

他们所有人对从事公共事业和服务公共利益态度积极。当我们需要他们的时候，他们就是自由党的新鲜空气和推动力量。那年1月他们发出了最清晰的声音，我们自由党绝不会无声无息地走进那漫漫长夜。

最重要的是，我很享受出席2012年自由党政策大会。大会无疑充满着积极的精神，没有派系纷争和内讧，没有对过去的绝情或指责。尽管2011年的惨败仍让人心痛，但我感觉大家进行反思主要是为了吸取教训，着眼未来。自由党产生了一些重要的变化，我们在2012年的大会上看到了具体结果。2011年跌到谷底的冲击令人震惊，这也使各地的自由党人相信，是时候从零开始重建自由党了。

大家的这种反思精神强烈表现出，自由党人已经吸取了过去十年大部分时间里加拿大人民一直想给我们的一个教训：自由党并非具有一直存在下去的固有权利，更不用说执政权利了。我们必须去争取，需要付出真正的努力，这个国家才不会接受我们的替代者。

我们最终有了一批明白这个道理的人。

当我坐在渥太华会议中心，听着全国各地老老少少的热情奔放的加拿大人充满感情地讨论着他们想要建设的国家时，我开始认真考虑我可以领导他们了。尽管有些讽刺意味，但要不是几个月前我没有决绝地排除这种可能性的话，我认为我最后不会参选。

那段时期让我宁静超脱，使我真正思考自由党的前景，思考一种更好的自由政治运动可能是什么样子的，并且没有被策划竞选党领袖活动可能引发的所谓利己主义所干扰。如果2011年秋天充斥着“他参选还是不参选？”的问题，并出现其他有志于竞选党领袖的人，我很怀疑今天我是否还会领导这个政党。

然而，那时我才刚刚萌发那种想法，远未到作出最后决定的时刻。大会召开后不久，我与麦吉尔大学的老伙计格里·巴茨进行了一次长谈。巴茨曾长期担任安大略省省长的首席秘书，2008年他离开政界后担任了加拿大世界野生动物保护基金会首席执行官。我告诉他这次大会的有关情况，以及我对那么多人来出席大会并且个个充满着希望和干劲感到惊喜。我第一次告诉格里，我开始重新考虑之前不参选党领袖的决定。我向他请教党领袖竞选应该是什么形式，我也明确表示我还没有作出决定，我只是在思考这些选项。

之后不久，我们就去找了凯蒂·特尔福德。2006年她担任杰勒德·肯尼迪的竞选经理时，我就认识了她。她随后担任斯特凡纳·迪翁的办公室副主任。我喜欢她，也信任她。凯蒂工作勤奋，意志坚定，诚实坦率，绝顶聪明，而且还操盘过一次联邦领袖竞选。我很高兴能够让她来评估我们面临的任务。

格里、凯蒂，以及几个月后我们请来的丹尼尔·加尼耶，至今仍是我圈子里的核心人物。丹尼尔是魁北克一个坚定自豪的联邦主义者，可能是加拿大历史上唯一一个既做过魁北克省省长办公室主任又做过安大略省省长办公室主任的人。我第一次遇见丹尼尔时正在蒙特利尔做一个环境项目，但丹尼尔第一次看到我，是在上个世纪80年代初，当时他作为一位高级公务员，正在协助我父亲通过加拿大《宪法法案》。

就这样，长达六个月的静悄悄的谈话开始了。我坚信，一个强有力的领导者最重要的特质就是有能力将优秀的人才招致麾下。有句古语讲，强者求贤若渴，庸者嫉贤妒能。我相信，如果你的团队里有合适的队员，你可以做成任何事情。我在竞选党领袖、招聘候选人和工作人员以及培训志愿者时都是这个思路。领导者可能会想，团队成员的强大会显出领导自身的缺点或不足。这在政治上尤其会导致领导模式趋向专制独裁。如果你在事业中招募到的最棒的那个人就是你早上醒来对着镜子看到的那个人，这是一种软弱和缺乏安全感的表现，而不是强大的表现。如果我有幸当上总理，我将在全国各地广招贤才为国家积极效力，并以此来评判我自己。

尽管如此，但有的时候你必须得拿出魄力来，即使你周围的人都认为你错了。我同帕特里克·布拉佐参议员的慈善拳击赛就是个例子。没有一个朋友、知己或同事认为这是一个好主意。

踏上拳击场之路始于 2011 年 6 月，那时有人告诉我在渥太华有个白领业余拳击项目，叫作“为治愈而战”，收入将捐给渥太华地区癌症中心。我想机会来了。

白领拳击赛的概念就是，让身体健康、通常多进行壁球或自行车运动的专业和高管人士接受为期六个月的业余拳击训练，然后让他们在邻居、朋友、客户面前进行拳击比赛，并收取门票，每个人都玩得很开心，同时能为慈善事业募捐到大笔款项。

我在二十多岁时接受过业余拳击训练，而且我一直想站上拳击台，来一场真正的对决。我想我一旦从政，这将成为我永远未了的心愿。但现在是一个机会，让我在一场真正的拳击比赛中一试身手，并且有一个很好的理由。还有额外的收获：我或许能够找到一位保守党核心人物作为我的比赛对手。

10月我正式报名参赛时，自由党仍陷在大选溃败中不能自拔。当新民主党和保守党还在享受在众议院击垮曾经强大的自由党的美好时光时，我知道自由党需要某种形式的消遣活动来提振大家的士气。我想如果没有别的方式，我可以提供这种消遣。

比赛差点没比成。由于保守党方面传出的话都很难听，我很难找到一个愿意上台比赛的保守党人。我找了不少众议员，其中包括来自卡尔加里的众议员罗布·安德斯，他是一个性情急躁、说话直白的人，还有当时的国防部长彼得·麦凯，但他们都拒绝了。当时我同多米尼克·勒布朗开玩笑说："天知道找一个想揍我脸的保守党人竟然还那么难！"

最后帕特里克·布拉佐接受了挑战，他后来陷入了参议院报销丑闻。认识布拉佐的人都可以证明，他是个强壮的大块头，喜欢虚张声势。这将是一场精彩的比赛。我比他高几英寸，手臂比他长，但他的胸部肌肉和肱二头肌比我结实得多。他曾在加拿大军队受训，还是空手道黑带二段。他体格如此强壮，以至于当比赛消息被公布时，大家的问题很快就成了"特鲁多坚持几秒就会被打趴下"，而不再是"谁会赢"。

索菲当然对这件事心情复杂。她知道参加一场真正的拳击比赛将令我多么高兴。她看着我全身心投入到艰苦的强化训练中。索菲是真的担心我的安全，尤其是因为对手的强壮。我和她讨论了我的训练计划和比赛策略，跟她分析我和布拉佐的强项和弱点，用我以前说过的以后还会再说的一句话来缓解她的不安："索菲，我能做到。"

比赛日期定在2012年3月31日，地点在渥太华的汉普顿酒店。接下来的六个月里，我训练得更加刻苦。真的很苦。在渥太华，组织比赛的健身馆“最终回合”向所有白领拳击手传授了拳击的基本技能。但我知道我的风险确实很高，我的对手更难对付。所以我在蒙特利尔找来了一位好友，希望能得到更多的帮助。阿里·内斯特·查尔斯在我选区的东部经营一家混合了武术和拳击的健身馆。从他为了让孩子们远离街头和学校暴力而做的大量卓有成效的工作中，我认识了他并且敬重他。实际上，有几次在他的健身馆里我和那些孩子们一起待过几个小时：孩子们上午要在位于拳击台上层的教室里完成高中课程，下午进行训练。我知道孩子们很乐意看到本地的众议员加入他们，不论是上午的学习还是下午的训练。

阿里不仅是位教练和导师，也是位高超的职业拳击手。那六个月里，他和我一起定期训练。当比赛之夜到来时，我已经真正准备好了。

这里说一下老式拳击流派的精髓。它不仅仅是教给你一套专门的技术，它还教你如何在精疲力竭时集中注意力，让你在遭受连续猛击时仍能坚持自己的比赛策略。最重要的是，它教给你遵守纪律和努力拼搏的价值。我在那场拳击赛中击败了帕特里克·布拉佐，因为我的背后有一支更好的团队，有一个更好的计划，我训练得更加刻苦，于是这个计划变成了现实（你可以自己判断，我采用的那种方法是否适用于政治）。

比赛前的一周，渥太华的训练师马特·维塔克询问我的比赛计划，我告诉他我认为比赛将怎样进行：布拉佐会先向我发起猛烈进攻，第一回合我要利用刺拳和臂长同他拉开距离，让他把自己累趴下。第二回合我就有更多的力气发起主动进攻，也许第三回合我就能击倒他。马特对我的自信笑了笑，然后打趣地说："喔，你要等到第三回合才把他打倒，是吗？"我们俩都很清楚在遵循奥运会比赛规则的业余拳击赛中很少发生一击出局的情形，如果真有，那些精明的赌注都会押在布拉佐身上。

但事实证明，比赛情况差不多就是那样。布拉佐一上来就狂乱出击，第一回合上半场他用几记右手重拳打得我摇摇晃晃，让我怀疑此前是否严重误判了形势。他对我的打击比我之前经受过的都要猛烈，尽管我在训练中对抗过一些非常厉害的对手。但就在我开始怀疑我还能再接他多少拳时，他不再出重拳了。我能听见他呼呼地喘气，突然之间我接连出拳，化解了他的攻击。第一回合结束时，我脸上露出了笑容，因为我知道这已经结束了。他对我已经使出了所有招数，我撑住了，接下来我就要赢了。第二回合形势逆转，到了第三回合帕特里克·布拉佐已经受够了。他精疲力竭，略显慌乱和不知所措的眼神说明，他再也不想在这个拳击台上待下去了。当我在最终回合得到第三次数 8 时，裁判结束了比赛。这是一次技术性击倒获胜，或许不算是一次真正的一击出局，但根据奥运会规则，这是我能期盼的最好结果。

直到那时我才向外看去，注意到我周围的一切。我的注意力高度集中在比赛上，我几乎没有注意到周围环境。大厅里挤满了保守党议员和部长，他们期待看到他们的人把一个叫特鲁多的人击倒。比赛在一个明显倾向于保守党的小型专业网络上直播。他们显然在期待一个不同的结局。我了解到，全国各地的观众在酒吧和体育餐厅里看完蒙特利尔加拿大人队点球大战输给华盛顿首都队的比赛后，都观看了这场拳击赛。如我所愿，这场比赛对我的自由党同伴来说起到了提振士气的作用。我的收件箱中满是祝贺的信息。

我完全清楚，一场拳击赛同真正的政治相去甚远。渥太华市郊的那一晚我们既没有赢得选区也没有作出任何决策。但政党就是一个团队，成员是一帮志趣相投且竞争意识很强的人。他们需要用胜利来振奋和保持他们的精神，尤其是在一连串的失利之后。那场拳击赛是这么长时间以来自由党对保守党的第一次完胜。那种感觉真好。

几乎总是如此，许多人很快对这起戏剧性的事件作出了过多的解读。有人甚至在全国性的媒体上写道，这是我非正式地发起了党领袖的竞选！事实是，我离作出最终决定还有好长一段路。而且如果我开始倾向于作出那个决定，其他事件要比我击倒一个保守党议员更为重要。

在我们党政策大会成功召开后不久，新民主党人就齐聚多伦多，谋划他们的努力方向。他们面临挑选杰克·雷顿接班人的艰巨任务。雷顿先生在领导新民主党取得有史以来最好的选举成绩后不幸离世。新民主党人将第一次选出加拿大正式反对党领袖，而且他们对下一任加拿大总理抱有强烈的期待。我对他们选出什么样的人不感兴趣，我更关注他们的最终选择将对新民主党的未来产生什么影响。

当时，关于我们应该与新民主党合并的想法开始在一些意想不到的地区讨论起来。甚至两党的前领袖也在媒体上公开谈论这个问题。我会在后面更具体地说说这个问题。我一向对此抱有怀疑，但这个时候我尽量持开放态度。有些新民主党领袖候选人对此反应热烈，最明显的莫过于内森·库伦，他的竞选活动清楚地表明他想与自由党开展合作。我喜欢并尊重内森，而且我也有兴趣看看他的竞选会走到哪一步。

我有很多朋友以前投了新民主党的票。我非常尊重该党的历史以及它在加拿大公众生活中所发挥的建设性作用。新民主党人不得不作出选择，是继续坚守他们最初的定位，还是向“候任政府”状态过渡。具体来说，他们不得不选择是否要摆脱理想主义，通过一条更加常规的道路上位。他们似乎被一种欲望所左右：寻找一位看起来足够强硬的领导人以对抗史蒂芬·哈珀。

在他们反对哈珀和保守党的狂热中，我感觉到他们在看待国家重大事情方面出现了偏差。比如，加拿大的繁荣取决于我们开发自然资源并销售到国际市场上的能力。以往历任总理都会认同这一点。今天，这意味着我们必须采取更加可持续的方式来实现这一目标。但是，如果把加拿大西部的资源财富看成是会拖累其余经济部门的“荷兰病”[①]，这不符合任何人的利益。自由党在我父亲领导的时期就汲取了惨痛教训。用西部资源财富去收买东部选票的策略，最终将导致所有加拿大人陷入贫困。

同样，我也注意到新民主党有意同我家乡魁北克省的独立分子勾勾搭搭。这种策略曾在马尔罗尼总理执政时期导致保守党陷入分裂和仇恨，更不用说差点使整个国家面临灾难。《宪法》不是被用来玩弄的，《清晰法案》也不是。前者奠定了建立这个国家的共同基础，后者界定了如果选择解体这个国家需要遵循的条件

① 指一国某一初级产品部门异常繁荣而导致其他经济部门衰落的现象。

（由加拿大最高法院设定）。这是大是大非的问题，是根本性的问题，不容儿戏。新民主党一边漫不经心地打开《宪法》，一边否定《清晰法案》，这是很危险的举措。政客们在作出这些承诺时，他们根本就没有想过要履行自己的诺言。

政治学上有个古老的说法：如果你想取代一个政府，你必须得提供一个选择，而不是仅仅被动回击。当我看到新民主党人的行为方式时，我不得不说他们已经被哈珀吓住了，他们被他玩弄政治的手法搞得不知所措。看起来，他们似乎认为打败保守党的唯一办法就是复制保守党的做法，并且更加激进。

我说的可能不对，但我认为这不是加拿大人想要的那种政治。我知道这也不是加拿大人需要的政治。

这把我带到一个关键位置。站在三万英尺的高度，我有极好的理由在将来某个时候竞选领袖。我希望为加拿大服务，我感觉我独特的成长经历意味着我有责任回馈这个国家。当了父亲之后，我更加深刻、更加具体地感悟到，把一个比我们从父辈那里继承来的国家更强大的国家传给我们的孩子是如此重要。我感到自由党终于到了愿意进行切实改革并采取必要措施，重新赢回加拿大人民信任的时候了。我有过两次成功的竞选，并且是在极为不利的情况下赢得的，这让我对自己的政治天赋和能力充满信心。所有这些都影响了我参与领袖竞选的决定。但还有一个因素让我陷入思考。

毕竟，这不是“在将来某个时候”，这是现在。2012 年加拿大政坛上的主导力量还是哈珀的保守党。

很多人推测，在最终实现梦寐以求的多数政府后，哈珀的保守党的观点和做法将趋于温和。在议会占少数意味着政府需要一直不停地游说，因为少数政府一旦失去众议院的信任，大选随时可能举行。在这种情况下，所有的事情都蒙上了高度的党派政治色彩。但由于哈珀拥有多数，他可以着眼长远，为国家制定更周全的战略。

这理论不错，但事实完全不是这么回事。政府比以往任何时候都更加强调党派。占有多数使得总理及其党内成员远离了民主职责。失去了议会的强力制约，他们的劣根性都浮上了台面。他们不但不集中应对国家面临的主要挑战，比如停滞不前的中产阶级收入、气候变化、民主受到的侵蚀，反而专注于一些细枝末节和打击报复政治反对派。更糟糕的是，当他们确实发现需要处理的重大问题时，比如把我们的自然资源推销到国际市场，他们的“不听我的就滚蛋”的做法不但解决不了问题反而使问题更加糟糕。

总之，我愈发深刻地认识到哈珀政府正把加拿大带向一个错误的方向，这是大多数加拿大人民不愿意看到的。保守党人没兴趣建立共识。以往我们都是在这样的共识基础上处理最棘手的问题。他们的方式是利用分歧牟取私利，而非弥合分歧。这也许是有效的政治手段，但用来治理国家真是太糟糕了，特别是像我们这样多元化的国家。一旦你把人们分成对抗的两派——东部对抗西部，城市对抗乡村，魁北克对抗加拿大其他省区——以便自己赢得选举，那就很难再把他们拉到一起，解决共同面临的问题。

就是在这种背景下，2012 年春天晚些时候，我开始更加认真地思考竞选自由党领袖这件事了。我倾向于参选，但我还有别的事情要做。我的第一项任务就是在渥太华完成议会的剩余会期，这样夏天我就有时间同索菲和孩子们在一起，我要确保说到做到。我从个人痛苦的经历中认识到政治家的家人肩负着沉重的负担。

就像我的父母，有时候压力超出了承受能力。

我指示格里·巴茨和凯蒂·特尔福德拉起一支队伍，制订行动计划，想想成功的竞选活动应该是什么样子。但我清楚，我必须得先和索菲私下进行深入的讨论，然后才能作出决定。那年夏天，我们非常坦诚地长谈了很多次。我俩婚姻牢固的基础就是我们从来没有停止过交谈，我们总是向彼此敞开心扉，即使是谈论一些艰难的话题。我想让她能够从我的经历中明确地意识到，那种生活可能会是怎样的艰辛。我向索菲回忆起，我父亲曾经告诉我，永远不要强迫自己去竞选。他说："我们家付出的已经够多了。"

尽管我父亲从未经历过21世纪这种没完没了、极端险恶的政治环境，他也这样说。玩弄低级肮脏的手段从来不是我的风格。我欢迎真正的决斗，况且我脸皮也够厚，我是在公开的生活环境中长大的。但索菲不是。我们的决定将影响我们的孩子，在某种程度上比对我俩的影响都要大。

在这种思来想去的情况下，凯蒂和格里组织了一次历时三天的关于竞选战略和执行方案的大讨论。我讲得很清楚，如果我要竞选，我们就要进行一场全新的竞选，要前所未有地吸引加拿大人民参与进来。我们要敞开自由党的大门。如果这个党要有前途，我们就应该找到一个路径，把这个党奉还给加拿大人民。

7月底，我和我的家人与全国各地精心挑选出来的人组成的团队相聚在翠湖山庄。这些人有才华，有精力，有经验。我们坐在一起讨论这件事是否可以做，是否可以做成。

我们把一大帮新老朋友召集在一起。他们中的很多人在政治上有着丰富的经验，其他人来自商界和慈善领域。我们的团队在男女性别、老兵和新手、专业人士和私人故交等方面有着很好的平衡。对我而言，更重要的是，我们都带着家人。索菲在，当然我的弟弟萨沙也在。我也鼓励团队成员都带上伴侣和孩子。我知道，如果我们要取得成功，团队中的每个人都需要他们所爱的人的支持。每一次作深夜战略讨论，每一次前往各地，每一次精心准备演讲或就某一问题发表谈话，都意味着除了我之外，还有很多人不得不数个小时甚至数天与家人分开。我们所有人从一开始就应该明白这就是政治生活的现实。这次聚会也说明，我们相信政治生活是可以根据夫妇都工作的家庭情况而改变的。

于是，和很多加拿大的冒险故事一样，我的竞选活动也是从大家围着篝火开始的。

大家坐在沙发上，或躺在睡袋里，躲在我们周末度假租的小屋的角落里。负责设计竞选创新数据战略的汤姆·皮特菲尔德从蒙特利尔带来了熏肉。太阳开始落山，大家陆续到来，我们在室外生起了篝火。大家都到齐了，我简单讲了一下希望这个周末我们能够完成的事情。我也谈到我们为着共同的目标在此聚会非常重要。我开玩笑说，如果我们赢得选举，很多人会宣扬曾经参加了今天的聚会，但如果我们功亏一篑，我就说我和索菲独自平静地度过了一个周末。

最后，我让每个人回答一个简单却很重要的问题："你为什么在这儿？"

大家一个接一个地讲了加拿大人都知道的故事。有的讲了自己的个人经历。纳沃迪普·贝恩斯是个来自密西沙加的有前途的年轻议员，他在 2011 年选举中以微弱差距失利，他谈到加拿大带给他家庭的机遇，担心后代再也遇不到这样的机遇。还有人谈到了具体的政策问题。大家也谈到经济发展、教育、自然资源、气候变化、移民和多样性等问题。还有一些人有更基本的理由参加这次聚会。我在帕皮诺选区的主席卢克·库西诺将担任我竞选团队的财务总监，他说，他认为保守党治理下的加拿大正在成为一个更加不公平的国家。几位魁北克人对魁省在加拿大国家事务中的失语深感遗憾。理查德·毛克西梅茨当时是不列颠哥伦比亚省财政厅厅长的办公室主任，他是一位杰出的组织者，他谈到团队中来自西部的成员的一个普遍观点：保守党从未真正履行过承诺，从未把具有活力的西部地区置于加拿大政治运动的中心位置。

这是一场鼓舞人心的谈话。

当轮到我回答问题时，我非常简略地概括道，我认为我们这个国家比现任政府要好。加拿大人思路开阔，胸怀宽广，公平诚实，勤奋努力，充满希望，仁慈善良。我说，加拿大有一些大事需要处理，但是没有一件比我们过去成功解决的事情更大。我告诉大家，对我而言，这个国家最值得庆幸的是我们的多样性，这意味着加拿大领导人应该对所有国人，而不仅是对那些赞同和支持他们的人保持开放和宽容的心态。太多的人被排斥在哈珀先生的视野之外。我说，我认为保守党政府的根本缺陷在于其狭隘、吝啬以及不能跟具有不同意识形态倾向的人合作。我还说，哈珀极度刻板，他认为不同意见和不同想法是软弱的表现，应该被剔除出去。经过一段时间，这种观点会侵蚀加拿大的公众生活。

总之，我说我来参加聚会是因为政府需要更替了。我想看看，我们以及我们的党是否准备好承担这项使命。

那个周末我们进行了很多重要的讨论和辩论，关于我们要采取哪种竞选方式、想推动的问题、想解决的问题等。有些讨论技术性非常强。在这里我不再赘述一些数字、投票技巧、小礼物募捐以及社交媒体预测数据等一些显得我太书呆子气的细小问题。然而，还是有一些环节值得提一下。

我说我们进行了根本性的讨论，我的意思是那确实非常根本。那个周末的第一个议题就说明了这一点。第一个议题就是，自由党是否应该继续存在下去？我们是否应同新民主党联手取代保守党？或者我们也许应该成立一个全新的政党，这个党在理念和价值观上应该属于中间派，不受自由党的遗产和包袱所累。

我肯定这一点会引起一些自由党人士的警觉，但那次讨论是严肃的。毕竟，那个时候是自由党历史上第一次沦为第三大党。在鲍勃·雷的临时领导时期，自由党的情况有所稳定，但他也没能把自由党拉出困境。很多加拿大人虽仍自称自由派，但投自由党票的人却越来越少。为了我们自己，也为了我们的国家，我们应该直接和严肃地问几个问题：自由党还在正轨上吗？是不是我们这样继续下去反而使得保守党能够长期执政？是否因此会危及我们党多年为之奋斗的理想？

这些都是现实存在的严峻问题。最后，天平向着全力改革和重建自由党的方向倾斜，主要有这几个原因。

首先，组建一个新党面临着现实的问题。我们如何能及时搭建起新的架构，在下次大选中成为一支真正的力量？如果打败保守党政府是迫切的要务，那组建新党就是不现实的。而且，我本质上是个务实的现实主义者，我知道任何政党只要是被一个叫特鲁多的人来领导，不管我们叫它什么名字，都仍然会被视为自由党。

经过长时间的讨论，我们也排除了合并的选项。这种讨论在公开场合更为活跃。一些很有思想的人也在全力支持，包括前总理克雷蒂安和新民主党前领袖埃德·布罗德本特。这些都是重量级人物，也是我熟悉和敬重的人。他们的意见很有分量，值得认真考虑。尽管如此，但我一直感觉合并的主张基于一个错误的前提，关键是事情并不是简单的加减乘除。就像我们团队中来自安大略省和西部的成员所说的，很多自由党选民在投票给新民主党之前可能就投给了保守党，这主要是基于经济上的考虑。格里和凯蒂都认为，这实际上就是2011年联邦大选时发生在安大略省的事情。在那次大选最后一周我们惨遭失败时，大多伦多地区的选民投了保守党的票，因为他们不信任新民主党的经济政策。还有人指出自由党和新民主党有着不同的文化，在大西洋省区甚至互为主要竞争对手。两党握手言和并非那么简单。

支持合并的意见都是出于这样或那样的考虑。有人强调，如果保守党执政时间过长就会给国家造成不可弥补的损失，而合并将有助于在下次大选中打败保守党。还有人争论，新民主党和自由党在一些重要政策问题上意见一致，思想上倾向自由党的加拿大人已经对我们不愿意联合起来对抗保守党感到不耐烦。后一种观点是有一些问题。我感觉自由党变得太以自我为中心，过于关注自身得失，而不是关注选民们真正的需要。

支持合并与反对合并的意见都有很好的理由，我最后得出结论，我们与新民主党在一些至关重要的实质性问题上分歧太深，合并不会有什么结果，至少我是这样认为的。首先，我不可能支持新民主党人关于废除《清晰法案》的政策。他们这样做只能使

43. 我正向议会党团的同事们证明，瑜伽真的可以在任何时候、任何地点练习。

44. 帕皮诺的多样性总使我惊叹，而竞选是走出去了解这种多样性的最佳机会。照片拍摄于 2011 年大选期间，当时我在一家当地葡萄牙裔人开的酒吧里。在帕皮诺有无穷无尽的政治讨论和文化庆祝活动，这个地区集中展示了加拿大的多样性。

45. 在帕皮诺的竞选决定了我如何看待 2011 年大选后自由党发展的道路：在每个选区走基层，在每个社区接地气。

46. 选举日不仅意味着要鼓励选民投票，还意味着要到每个投票站感谢那儿的工作人员。

47. 我觉得在自己的一张破损的竞选招牌前照相是件挺好玩的事儿。面对破坏行为和攻击不必太当真，拿它开玩笑更容易些。

48. 照片中和我一起练习的是拳击手阿里·内斯特·查尔斯，我结识他是由于他在我的选区参加青年和社区活动。

49. 在哪儿都能开会和介绍情况。如此图所示，我启动党领袖竞选前，在这个半休息室半洗手间的地方和格里·巴茨、凯蒂·特尔福德及其他人在一起。

50. 索菲对我的许多演讲都有重大影响。从演讲语气到传递思想的角度，她确保我在形式和实质上都切中要害，她对我而言至关重要。无论我在什么问题上征求她的意见，她都能提出很棒的、无价的看法。

51. 这样的辩论是我第一次在最高层面直接参与观点交锋。我喜欢挑战别人，就像我愿意接受别人的挑战一样。

52. 在安大略省巴拉福特一家图书馆举行党领袖竞选活动。

53. 在多伦多发表党领袖竞选演讲前的几分钟，我和孩子们在玩“击剑”游戏，格里在查他的推特账户。

54. 这张照片要多谢亚历克斯·朗蒂耶。在我的党领袖竞选演讲开始前，他正在我和索菲前面跳舞。他是个出色的舞者，知道如何帮我们在一场大活动开始前放松下来。

55. 这是演讲前最后的片刻宁静，索菲拥抱我，使我平静下来。

56. 在等待党领袖选举结果的同时，格里和我正在对已数易其稿的演讲做最后的修改。

57. 孩子们一整晚都在期待党领袖选举结果，不过由于他们读不懂投票结果，我也没有什么反应，他们过了一会儿才明白发生了什么。这是一张家庭照，真的，里面有我们一家、索菲的父母、我母亲和我的妹妹艾丽。

58. 我当选自由党领袖后的首次媒体见面会。

59. 几乎从当选党领袖第一天起，我就在新办公室里开始联系自由党执政省的省长们。

60. 这是曼尼托巴省布兰登一群很棒的孩子。和孩子们在一起时，给他们讲故事总能让我很快和他们打成一片，而且能使他们忘了教室里有一群突然闯进来的人。

61. 议会工作不只是辩论和党团会议。与访客和选民见面能很好地提醒我们在那儿工作的根本原因。

62. 让选民接触到代表他们的众议员并且了解他的工作是很重要的。这张照片显示的是帕皮诺居民到渥太华来观摩我在选区之外的另一种工作。

63. 2013年，远离渥太华，到遭受洪灾的阿尔伯塔省海里弗市与志愿者并肩工作。

64. 2013年夏天驾驶房车进行自由党领袖巡回竞选活动。驾驶房车原本不是团队的最佳选择，特别是当时索菲已经怀孕八周，但却收到了绝佳的效果，我的孩子们饱览不列颠哥伦比亚省的风光，我也加深了与沿途社区的联系。

65. 当我们穿越不列颠哥伦比亚省时，我们专门在纳尔逊市稍作停留，让孩子们俯瞰可卡尼湖，那儿长眠着他们的小叔叔米歇尔。可卡尼湖远离人世尘嚣，是世界上最美丽宁静的地方之一。

66. 在我们房车之旅的每一站，我们都有机会与不列颠哥伦比亚省大大小小的多元化社区进行深入的交流。全程自驾让我们能够充分利用这次机会进行巡回竞选。

67. 在加拿大的优良传统里，聚会的高潮部分往往是在厨房里进行的。我通过亲手参与制作食品，了解了加拿大不同的文化。多元文化是加拿大国家认同的一部分，参加今年的排灯节之前，我还需要好好练习做印度煎饼的手艺。

68. 这不是一次寻常的自由党集会，而是在阿尔伯塔省南部农村地区举行的集会。无论上次大选中我们在某个选区得了多少选票（或没得多少选票），我都认为有必要亲赴选区与民众见面。

69. 这是我们在维多利亚市举行的一次 800 人以上的自由党集会。有许多人不辞辛苦，专门从温哥华南岛过来，令我十分感动，我在那儿一直待到集会结束。这样的集会我们在西部举行过多次。

70. 在自由党领袖竞选结束一年以后，在2014年蒙特利尔自由党大会上我第一次有机会直接向全体党员讲话。虽然场地一直在变，但我每次演讲前都会认真准备，包括常常被提醒一定要放慢语速。

71. 每次我离家在外，我总会抽时间给孩子们打电话，道一声晚安或在早上问问他们在干什么。即使在蒙特利尔自由党大会发表讲话期间，我也想办法给他们打了个电话。

72. 哈德里安出生不到一个小时，他爸爸、外公和哥哥都抢着要抱抱他。

73. 在渥太华举行自由党经济顾问委员会第一次会议。读者可能会认出一些与会者，包括斯科特·布里松、约翰·麦卡勒姆、克里斯蒂亚·弗里兰，此外还有很多人通过电话参加了会议。

74. 在我担任联邦众议员期间，考特勒一直是我的一位非同寻常的朋友和导师。我非常珍惜听取他意见的每一次机会。

75. 在国会山同加拿大奥运会代表团一起庆祝。

76. 我非常喜欢深入的对话和充分的辩论。这张照片是在安大略省斯卡博罗市拍摄的，我与这位希腊裔母亲到底是在对话还是在辩论要由她来定了。

77. 我工作的一个特别之处是能够结识并网罗到许多出色人才，比如亚当·沃恩。图为我们正在庆祝亚当·沃恩在 2014 年多伦多特里尼蒂－斯巴蒂那选区的联邦众议员补选中胜出。

78. 作为父亲，我感到非常幸运和幸福的是，能够带着孩子们一起参加各种活动。我在他们这个年龄时，我父亲也经常带我参加这样的活动。

79. 我非常高兴地把格扎维埃和埃拉－格蕾丝介绍给哈珀先生，他非常亲切和蔼。

80. 哈德里安被他姐姐埃拉－格蕾丝抱在怀里。

81. 跟我爸爸一样，我也非常喜欢跟我的孩子们玩耍。2014 年夏天自由党在不列颠哥伦比亚省举行烧烤活动，哈德里安和我都非常享受这一刻。

分裂国家变得更为容易。我认为根本就不能有这种苗头。另外，我认为新民主党在重要经济政策（贸易、外国投资、资源开发）问题上错得离谱。事实上，我认为新民主党人本质上对经济增长和成功发展抱有疑心，无论他们在言语中如何掩饰，他们的政策取向暴露了这一点。自由党明白经济增长是所有社会政策取得进展的基础。

我在总结我的观点时说，我们不能让一些政治策略以及权力欲望左右我们的政策和原则。当初正是这些东西使我们陷入了困境。加拿大需要一个更好的政府，而不仅仅是一个不同的政府。我们明确地放弃了合并这个选项。

那个周末我们讨论的另一个主要问题是采取什么竞选方式。我们认为竞选重在细节。有一个想法是，竞选期间每 30 到 90 天就发表一份关于主要政策的白皮书。但最终我们没有采纳这个策略，因为我们感觉这与我们想要将新思想注入党内的开放精神不符。一边承诺以新的、更加开放的方式制定政策，一边在还没有机会听取人们的想法之前就发表一个全面的政策框架，这样的承诺是不可信的。

我们决定在竞选期间公布主要的政策制定者。要让大家明白，我领导的自由党是能够促进经济增长的，我们支持自由贸易，遵守财政纪律，欢迎外国直接投资。自由党上世纪 90 年代在治理经济方面赢得了信誉，我们对当时自由党是如何做到这一点的进行了长时间的讨论。但在过去十年中我们对此没有给予足够的重视。像在很多领域一样，我们把自己辛辛苦苦取得的成绩太不当回事，然后这些成绩很快就销声匿迹。再具体一点，我们制定经济政策时要有一个明确的前提（这一点经常被忘记）：一个强劲的经济体要能够为尽可能多的人提供大量优质的就业机会。我们对过去30年间加拿大中产阶级的发展状况进行了细致分析。他们的债务增加了，但收入没有增长。我们感到在加拿大没有人谈论经济发生的重大结构性变化：作为加拿大社会基础的中产阶级生活得越来越艰难。

我们对魁北克省进行了系统研究，分析为什么自由党在我家乡省份的声望会出现陡然下滑。我当时的观点是，现在仍然是，我们只关注了一小部分人关切的问题。当资助丑闻给自由党沉重一击时，我们没有可以依靠的力量。在随后的几年中，政府各个层面的丑闻一个接一个地在魁北克曝光。魁北克人民对公职人员的信心普遍被严重动摇。这还是发生在沙博诺委员会[①] 开始披露触目惊心的日常丑闻之前。自由党的重返魁北克之路必须找回它的根基，集中关注人民的民生问题，如就业、养老金、下一代的经济状况等。简而言之，我希望沿用我们在帕皮诺的政策，使之成为自由党在整个魁北克省的一张名片。

那个周末，我们就希望开展什么样的竞选作出了最终也是最重要的决定。我们这帮人有很多共同点。我们有共同的价值观和信仰，都有丰富的政治和生活经验。我们中很多人都有年幼的孩子。大家对我的竞选前景也都表示担忧。很多自由党人支持我参选首先是基于怀旧的心理。我的姓氏让他们对自由党的辉煌岁月记忆犹新，更不用说他们自己过去的荣耀。但如果把我参选比作让一个过了气的摇滚乐队重新组织起来进行巡演，那我就没有办法竞选下去了。我们宁愿去做更有成效的事情，也不会从事那样

---

① 魁北克省专门调查建筑行业贪腐案件的机构。

的政治活动。

我讲得很清楚，我的竞选是着眼于未来，而不是过去。我要动员成千上万的人参与一场全新的政治运动。当然，我们也欢迎过去曾参与过的人。但谁能赢得那些没有加入过传统政党的人，未来就属于谁。我们要为这个国家打造一个包容、积极的前景，我们相信加拿大人民愿意参与这一进程。

我们知道肯定会有唱反调的人。对保守党和更广泛的右翼来说，特鲁多参与竞选这个消息令他们倍感憎恶。他们肯定会大力攻击我们，相比之下，他们同最近几位自由党领导人之间的竞争更像是友善的口角之争。他们的攻击将可能是龌龊的、消极的，甚至是人身攻击。他们很有钱，会花大钱攻击我们。他们会没有任何底线地来摧毁我们。我环顾了一圈房间，问了大家另外一个简单的问题："你们准备好了吗？"

大家一个接一个地回答说："准备好了。"他们参与进来，他们都是为了那些正当的原因。我几个月后正式宣布参选，但正是在此时此地我和索菲作出了参选的决定。我们将努力构建一种新的政治生态，以取代目前这种充满恐惧和负面因素的政治生态。我们将努力把人们团结起来，建立共同的立场，而不是把人们分成不同的阵营，利用他们的分歧来达到政治目的。我们将努力构建共同愿景，把我们大家聚集起来，团结起来，因为我们都是加拿大人。我们将努力把这个美好的国家建设得更加完美。

我们从零开始，从希望和努力奋斗开始。

第九章

怀揣希望和努力奋斗

2012 年年中各种推测满天飞。作为一支据称是过了气的政治力量，自由党党内还是有不少人对党领袖的位子感兴趣。私下里，鲍勃·雷正在认真地考虑参加竞选。安大略省省长的继任者之一道尔顿·麦坚迪也在考虑。有传言说，情报人员也在试图请很有才干的加拿大央行行长马克·卡尼出山。媒体也频频提及弗兰克·麦克纳、约翰·曼利等一些大家熟知的名字。同时，现任以及前任党团同事马克·加尔诺和玛莎·霍尔·芬德利也强烈暗示，他们正在组建团队竞选领袖。

决定参选后不久，我决定不再花费时间去想那些竞争者，不管他们是谁。我认识并尊重这些人，以及其他决定参选的人。但相比党内竞争，还有更要紧的事要做。我要专注于竞选活动，好好想一想希望推动的议程，不管是竞选自由党领袖，还是那以后的事情。由于形势所迫，我们对成功的定义不能仅限于在自由党目前的这种状态下当选领袖。如果想在大选中获得胜算，就必须在竞选领袖的同时，对自由党进行实质性改造。仅仅想着如何当选党领袖是不够的，必须集中精力建设好我们的党，这样我们才能赢得 2015 年联邦选举。当选党领袖只是这个征程中的一步。

我们知道这将是一项复杂的工作。党领袖的竞选是内部竞争，是关于谁来指挥这辆已经建好的列车。大家都在车上，如果你够幸运的话，这辆车可能正朝着正确的方向优雅前行。而这次党内竞选将完全不同，可能在自由党党内也史无前例。我们必须一边吸引乘客，一边建造列车，同时铺设轨道。关于怀揣希望和努力奋斗的想法正是来源于此。我们既需要一个扎实的工作计划，也需要一个积极乐观的态度，以积累能量、吸引人才完成这项工作。

经过多年的教书生涯以及在帕皮诺的竞选，我发现我有一个与特殊人才交往的诀窍，这些人都有积极的世界观和正确的价值观，和我一样精力充沛。我清楚要想成为自由党领袖，我也应该像他们一样。

和所有工作计划一样，我们的计划可以简要概括为：思想和人才，团队和计划，怀揣希望和努力奋斗。我们的当务之急是重建自由党的基础，使之成为一支在加拿大面临的重大问题上具有坚定的、始终如一的洞察力的国家政治力量。这需要来自全国各地的新思想和空前的大量人才。从根本上来说，我们清楚这次党内竞选将决定胜出者是否能拥有一个值得他去领导的政党。

矛盾的是，我一开始就要告诉自由党人我们的处境比他们想象的更加艰难。自由党正处于十字路口。但也许同他们所理解的相反，投票给我不意味着选择捷径，而意味着他们愿意为此付出艰苦努力。这是一种微妙的平衡。我们不想打击大家的热情或给大家泼冷水。我们需要那些能坚定度过政治生活中不可避免的低潮时期的人。同时，我们必须讲清楚，只有希望是不够的，而且我们也很明白这是不够的。希望是需要努力奋斗来支撑和实现的，还需要纪律来保证我们每天都朝着正确的方向在努力。

自由党经常让加拿大人民认为我们脱离了人民的需求，更不要说他们对国家的希望。如果我们要重新赢回他们的信任，我们还必须用原来的老办法。简单来说，我们必须证明我们这样做是为了他们。所以，在40岁这个年纪——维克多·雨果曾把这个年纪称为“青年的老年”——我向自由党传递了一个让人深省但却乐观的信息。成功是可能的，但远不是理所当然的。我们需要新的使命、新的思想和新的力量。第一步是要重新聚焦自由党的使命，即普通加拿大人民的需求、希望和梦想。关键的是，如果这个信息不仅仅是一句口号，我们需要调动千千万万加拿大人参与到我们的事业中来。

于是，2012年10月2日，这一天也是我弟弟米歇尔37岁的生日，在帕皮诺社区中心一个拥挤的房间里，在索菲和孩子们的陪伴下，我开始了我的竞选。我告诉大家，我站在这里是因为我认为加拿大需要新的领导人，加拿大人民需要新的蓝图。我竞选的标志——如果我成功的话——就是服务于加拿大中产阶级利益的经济增长计划。我说现在的政府已经远离公平、多元、给子孙留下更美好家园的承诺等我们这个伟大国家的优良传统。更重要的是哈珀政府充满分歧，各自为政，损害了加拿大的国家利益，我们必须结束这种状况。在我们这个举世公认最具多元特点的国家，我们需要一个能团结大家共同进步的领袖。

从批判的角度看，我们关于中产阶级的政策远远不止经济方面。大家都认为渥太华政治精英云集，是展示国家力量的地方，但国家力量事实上并不是在那里产生的。这是自由党需要重新吸取的另一个教训。我曾在演讲中说过：“是中产阶级，而不是政治精英，把我们的国家团结在一起。”普通加拿大人，不管是不列颠哥伦比亚省素里市的新移民，还是魁北克城第十代的居民，他们的共同希望构成了我们这个国家的命脉。加拿大需要能够凝聚广泛共识、实现共同目标的政治领导人，而非那些为一己私利而割裂国家的人。

我想提醒自由党，不管是谁在什么时候来领导政府，这个共识在加拿大各地都能找到，并且独立于国家政府。我们要做的就是去寻找这个共识，并在共识基础上建立一个全新的政治生态。

近年来，自由党人难以说清楚自身价值与创建价值的区别。我曾说“不是自由党创建了加拿大，而是加拿大创建了自由党”，我指的就是这个意思。历史上，自由党在很长一段时间里都做得很成功，这是因为我们向所有加拿大人敞开了怀抱，与他们打成一片。这仅仅是给了他们希望，而并不是我们成功的根本原因。但由于我们的成功，我认为自由党人忘记了这一点。这是一个重大失误，自由党也为此付出了惨痛代价。

但这并不是说不重视中产阶级的经济利益。经济问题非常重要。加拿大之所以是一个和谐的国家，很大程度上是因为这个国家具有永不枯竭的活力。多少年来，世界各地不同文化背景和不同信仰的人纷纷来到加拿大，他们往往发现，他们在这里比在他们原来的国家更易被接纳。关键是，他们在这里能够找到更好的发展机会。这使得我们对新移民持更加欢迎的态度，对国家怀有更多的公益心，欣赏并包容与我们意见不同的人的观点。我们因有共识而感觉更好，我们就应该寻找并构建更多共识，并为更多人扩大共识。

加拿大的成功不是注定的，也不是上天赐予的，不论在经济领域还是在其他领域。过去我们成功了，将来我们仍然会成功，因为我们加拿大人为此付出了努力。当繁荣消失时，目光短浅的人就伺机夸大和利用我们的分歧以牟取狭隘的私利。我感到非常自豪的是，最近魁北克人民站出来反对这种企图通过鼓吹分裂获取政治利益的狭隘的政治运动。我一直相信我们会这样做。但是，我们必须承认，魁人党集团《价值章程》的种子是借人们对经济的忧虑而种下的，特别是在大城市之外的地区。我们需要一个更加包容的经济增长和就业计划，不然我们就会看到越来越多这样的政治景象。

加拿大避免了美国和其他并不那么多元化的发达国家中发生的中产阶级大幅衰退的局面。我们丰富的自然资源和较少的人口规模使我们免于受到严重冲击。另外也由于之前的政策对头，我们看到整整一代有才干的妇女进入工作领域并形成创业高峰，这对推动经济增长意义重大。我们应该感谢这些积极的发展变化，尽力去了解并支持这些发展变化，但我们不能让它们掩盖了现实问题。发展趋势是显而易见的。加拿大人的中等收入水平自1980年起几乎就没有增长过。这意味着30年来普通加拿大人的平均收入没有实实在在的增加。但同一时期，加拿大的经济规模几乎增长了一倍。中产阶级陷入困境是我们在21世纪面临的一个主要问题，这个问题确实不容易解决。如果我们把这个问题掩盖起来，假装这个问题不存在，或把责任推到一部分人、一个地区或一个经济部门身上，这个问题根本就得不到解决。

许多人告诉我，这个问题太大，解决不了，我应该选择一些小问题作为竞选的主要议题。我不能苟同政府中有些人以及整个右翼的观点，他们认为加拿大不存在这个问题，说我们是在蛊惑民心，迎合选票。有些人承认这个问题存在，但认为这是受全球趋势的影响，我们对此无能为力。我也不赞同这种观点。前者表明，如今的保守党在执政近十年后与普通加拿大人的生活境况严重脱节。后者反映出这些人对国家是多么没有雄心。在我们国家辉煌的历史中，我们曾经凭借很少的资源解决了更大的问题。今天，通过制定正确的方案，启用合适的人选，坚持正确的方式，我们也一定能够解决这个问题。这就是我说的建立共识的意义所在。

带着这种充满希望的信念，我开始着手通过事例向人们说明“努力奋斗”的含义。在魁北克启动竞选后的第一周，我去了阿尔伯塔省、不列颠哥伦比亚省、安大略省以及大西洋地区的几个省份，访问了154个选区和155个社区。对那些没能到达的地方，我用了Skype、Google Hangouts、推特以及SoapBox等目前所能想到的技术手段去接触当地民众。我的参选当然会引起关注，但这种关注仅仅是打开了一扇门。如果加拿大人不喜欢他们在自家前廊上看到的景象，这扇门很快就会关上。

在一些地方，这扇门可能仅仅只开了一道缝隙。

我选择卡尔加里作为第一站是有原因的。尽管我希望我的竞选活动聚焦于加拿大的未来，但我也想让加拿大人明白，我不怕面对自由党过去的那些幽灵，特别是那些与我父亲密切相关的幽灵。三十多年前的国家能源计划仍然让阿尔伯塔省的自由党人记忆犹新，对任何以特鲁多冠名的自由党来说更是如此。因此我想直接处理这个问题，我要让人们明白我认识到了国家能源计划带来的消极后果。不管出发点有多好，但那个国家能源计划确实造成了分裂，我父亲在魁北克和其他地区为弥合这一分歧奋斗了一生。那天我在阿尔伯塔作出承诺，我领导的自由党永远不会用西部的资源财富去买东部的选票。

国家能源计划是真实存在的，但它更是一个强烈的象征。对整整一代的加拿大西部人来说，在关键时刻到来的时候，自由党优先考虑的却是别的地方。这怂恿了我们的对手——从布莱恩·马尔罗尼到史蒂芬·哈珀——借此诽谤中伤我们，挑起下一代对我们的怀疑，让他们认为自由党不是他们的党，认为我们不代表他们的利益，认为我们不欢迎他们。三十多年来，这个后果就是，即使那些在很多问题上倾向自由主义的人也从来不考虑支持自由党，更不用说加入了。

国家能源计划及其后果给了我们很多教训，这些都不是第一次。对我来说，三个方面最为重要。

首先也是显而易见的是，能源开发以及我们为此确立的政策仍是界定我们作为一个国家是否成功的少数重大问题之一。与我父亲的那个年代相比，这个问题在当今看来更是如此。从经济和环境的角度看，确实是这样。但同时，这也是一个涉及团结和地区公平的基本问题。大自然没有把宝贵的财富均匀地分摊在这块土地上。因此，在加拿大过去有、现在有、将来仍然会有关于能源开发问题的艰难争论。这些问题本身都是一些好问题，如果一个国家一定要有疑难问题的话。很少有国家不愿意拿它们的疑难问题来交换我们的问题。但即便如此，这也触及了加拿大一个不变真理的核心，地区的多样性总是让我们在公平的基础上保持着竞争性。当联邦政府在一个重大问题上过于向一个地区倾斜而忽视另一个地区时，所产生的影响将是持续性的。

其次，国家能源计划及其后果提醒着我们政治的本质在一定程度上是按部族划分的。我这样说没有什么贬义。在一个具有浓厚而多样的地方特征的多元化国家，做好平衡是至关重要的。你可以在波诺卡、温雅得和尼帕洼的咖啡馆里辩论这种或那种政策有利于西部，但你如果没有合适的人愿意为你效力，你几乎什么也做不成。当然，你也不太可能一上来就提出那么好的政策。因此，我们在竞选时重点强调要启用高素质的、真正的地方领导人加入我们的团队，担当资深组织者和顾问，然后在自由党的旗帜下参加议会选举。尽管现在的沟通手段和研究能力越来越高级，但仍不能代替优秀的人才深入社区与民众密切接触。

最后，国家能源计划留给了我们一个关于西部的更为具体和积极的教训："西部要进来"。普雷斯顿·曼宁曾为此振臂高呼。这既说出了西部人的乐观，对加拿大也是一种鼓励，因为这个口号不是"西部要出去"。西部地区民众一个典型化的倾向是，对于把他们排除在外的政治运动，他们的反应一般是另起炉灶，然后不断发展直至在全国掌权。你退一步想一下，西部没有那样做，这确实是一个了不起的进步，这也许是我们的政治史上从来没有过的。

我知道这可能会有争议，但我认为哈珀的保守党已经忘记了该党当时赖以成功的根本。

2012 年至 2013 年的领袖竞选活动大部分是在典型的漫长而寒冷的加拿大冬天进行的。那个冬天我在西部待了很长时间。在很多难以忘怀的经历中，我印象最深刻的莫过于在不列颠哥伦比亚省坎卢普斯度过的那个寒冷的夜晚。那些天，太阳好像刚升起来不久就要落下去。我们远离那些所谓的自由党的地盘。在奥肯纳根待了漫长的一天后，我们和竞选志愿者乘坐一辆面包车从奥索尤斯和基洛纳北上前往科基哈拉。我们在汤普森河大学预订了一个小房间，原想会有人数不多但热情的当地自由党人出席。就在我们到达前，跟我一起来的格里·巴茨接到当地一个主要组织者打来的电话，说遇到一个情况，而且是最好的情况。五百多人已经到现场了，我们需要一个大房间。

很多人之所以来，一半是因为好奇，另一半是因为失望。他们对了解不多的自由党充满好奇，所知道的一些事情也不是什么太好的事。在竞选中，我一般都会安排公开答问环节。我在这次答问中态度非常坦然。一个学生问，关于从政，我从我父亲那里学到了什么。我回答说："在萨蒙阿姆，挥手时要伸开五指[①]。"在为数不多的几个场合，我所谓的冷幽默曾把我置于尴尬境地，但这次我引得大家放声大笑。

更重要的是，这些人出席活动是因为他们对他们所选择的在渥太华代表他们意见的政党感到失望，这个政党已经不再履行自己的承诺。保守党的成功应归功于基层民众的鼎力支持，但哈珀先生却把这种支持当作谋求永久总理职务的工具。过去几十年中，没有一届政府在支持议员行使权力方面，或在更广泛意义上讲，在如何使我们的议会民主与时俱进方面做得很好。

---

① 1982年，皮埃尔·特鲁多总理在不列颠哥伦比亚省的萨蒙阿姆（Salmon Arm）向抗议者竖起中指，这一动作后来被人戏称为"萨蒙阿姆式敬礼"（Salmon Arm salute）。

这是事实。尽管如此，目前的政府在以前所未有的力度控制信息和加强党纪。我了解到那些仍然清楚地记得改革党根基的人对此尤为愤怒。在竞选期间，我一次次地听到这种抱怨。但在坎卢普斯的那天晚上，一些事情突然明了了。我当时即兴说了一句话，我今后几年在西部将会多次讲到这句话："你们选出了一个好人作为你们的社区在渥太华的代表。但是你们在社区听到的却是史蒂芬·哈珀的声音。"

我从来没有看到过那么多人对此点头表示认同。

加拿大人想搞明白他们的选票确实能发挥作用。"加拿大议会是如何工作的"不再是一个让许多加拿大人睡不着觉的问题。重要的是，他们的意见是否被重视，竞选的人一旦当选能否为他们做些实事。此人当选后能否拿出时间按要求与选民保持联系则更为重要。

随着时间流逝，人们会感觉到民主程度下滑的影响。他们知道所选议员的言行什么时候是发自内心的，议员什么时候不仅仅是党派领袖的一个传声筒。哈珀先生在这方面的极端僵化不仅损害了他的党团，也伤害了曾经投票支持保守党的那些加拿大选民。我认为这是错误的领导方式，所以我承诺要解决这个问题。

当然，要找到一个平衡点。人民要知道，当他们投票选举了一个自由党议员，当选的这个人就要支持自由党的党纲和价值观念。然后，党纪应该仅仅限于针对为数不多的投票表决事务：与《权利与自由宪章》冲突的事项、预算和党纲事项等。

做到正确的平衡意味着，要在真正重大的问题上，在那些至关重要的问题上，言行一致，考虑周密，并且始终充满热情。愿意妥协往往是生活中的一个优点，在不背叛自己核心价值观的情况下，在政治上做出妥协的能力将决定能否取得最后的成功。在整个竞选期间我一直在讲，太多加拿大人不了解自由党代表着什么。解决这个问题的唯一办法，就是把我们的价值观讲清楚并严格加以遵守，即使是我们的立场遇到争议或在某个方面不受欢迎。

我在竞选中明确表示，自由党必须是一个自由的政党。我的意思是，自由主义的核心价值，即经济机会的平等、思想和信仰的多元化，必须是自由党及其政策的基石，我认为这是个人自由、公平和社会正义的重要组成部分。我表示，我们要成为一个代表人民权利的政党，保证人民享有真实和公平的机会去获得成功，不管他们生于富裕还是贫穷家庭，不管他们来自哪里，也不管他们信仰什么。

从理论上讲是一回事，付诸实践则完全是另一回事。例如，我认为大多数加拿大人，不论他们投谁的票，都同意多样性是加拿大伟大的成功之处。我个人认为，这就是我们国家最伟大的地方。正如我之前所说，我们可能是世界历史上唯一的因具有多样性而强大的国家，而不是说我们因克服了多样性才变得强大。通过努力的工作和思想上的包容，我们成功地在地球上这个文化最多元化的国家建设了一个繁荣和谐的社会。这在立国之前就已经是我们的核心要素，已经植入了我们的基因。我们不计较差异，寻求共识，追求共同的事业，这种本能让塞缪尔·德·尚普兰等一批我们的先辈们在当初寒冷的冬季里生存下来。同样，这种本能也帮助我们成功地把主要的现代都市建设成为多元文化社会，这令当今世界各国争相模仿。

你可以相信所有这些事情，你也许仍然没看到，这种价值观在今天的加拿大面临着巨大的压力。2012 年圣诞之前发生的事情，让我深深感受到，加拿大的多样性是多么需要得到像过去那样的支持和肯定。我针对这个问题做过一次主旨演讲（和其他演讲一起收录在此书中），我也因此受到右翼的猛烈攻击。那是在多伦多召开的关于“复兴伊斯兰精神”的会议上，超过两万名年轻的加拿大穆斯林参加了那次盛大集会。他们走到一起，探讨如何全面融入加拿大这样一个多元文化社会，同时又保留他们优秀和独特的宗教信仰和文化生活。

我要传达的信息是坦率的。在我的印象中，那次关于加拿大的讨论更具根本性。如何成为真正意义上的加拿大人，同时又不脱离本族裔的社区生活，这是历史上大部分加拿大人都曾面临的一种内心纠结。我举一个著名的例子来阐述我的观点。19 世纪末期，大家普遍认为天主教和自由主义是不可调和的，认为信仰自由和宗教多元主义直接挑战了教会的权威，这在我的家乡更是如此。而如今，那些地方的人们都在积极倡导多样性，他们有最有说服力的观点。这就是最基本的事实。结论就是：抽象的理想虽好，但现实中我们必须在一起生活，我们也不一定要有同样的信仰。我们可以沿着先前政治和文化曾经走过的道路走下去（仇恨、冲突和暴力），或者我们可以共同走出一条新的、更有成效和更宽容的道路。

最能清晰表达这个观点的是一个叫威尔弗里德·劳里埃的魁北克年轻人。他当时是一位新议员，来自一个刚刚崛起的政党。他深信，在一个绝大多数人说英语和以新教为主要宗教的新国家，作为在语言和宗教方面的少数族裔，他和他的人民应该为那些与他们信仰不同的人树立一个开放和包容的积极榜样。面对持相反观点的哲学雄辩，劳里埃亮出他的王牌：我们都在这里，谁也不会去别的地方。我们的信仰各有不同。但是，如果我们只看到分歧，而不是专注于我们共享的利益，那么我们如何能够共同建设一个国家？

我认为劳里埃的逻辑在今天看来仍然至少具有同样的说服力。加拿大大大小小的社区的现实生活，也许就是对多元社会不和谐论调最有力的反击。在我们国家历史上经常有这种情况，实用主义每次总能战胜对文化和意识形态单一性的错误认识。这就是我在那次大会上强调的一个观点：教条、僵化和狭隘与我们加拿大人格格不入。这对今天在密西沙加的年轻穆斯林来说是这样，对1877年在魁北克城的年轻天主教徒来说也是这样。我们走到一起共建繁荣，互相借鉴，超越差异，找到共识。我们就是这样朝着建立一个正义和繁荣的国家而努力奋斗的。

我会一次又一次地回到这些重大和基本的话题上来：着眼于中产阶级的经济增长和人人公平的经济机遇，尊重并促进自由和多样性，以及组建一个代表所有加拿大人的更加民主的政府。这些相互关联的目标就是当时我们开展竞选、重建自由党以及制定国家政策的支柱。现在仍然是。我们实现上述目标的政策业已成形，并将在我们筹备下一次选举的过程中继续完善。有了明确的方向，我们就有能力制定相应的政策来实现这些目标。在竞选结束时，我会在渥太华说，自由党人选择我作为领袖，我将“每天从早到晚”思考如何把这个国家建设得更加美好。

显然，没有众人的参与，我们做不了多少事。从大规模招募志愿者开始，我们付出了也许是加拿大历史上最大的努力，争取让更多的人参与到这次竞选活动中来。我们最引以为豪的，是志愿者一直在大力推动着竞选活动的开展。竞选活动末期，在全国范围内有1.2万余人和我们一起工作，这些人绝大多数之前从未参与过自由党的活动。我们设计了一个平面的组织架构，大家无论在加拿大的哪个地方都能很容易地参与进来。我们的口号是，我们开展的是一场运动，而不仅仅是建立一个政党，我们更重视结果，而不是名利。我们不在意你是几十年来一直参与党的活动，还是仅仅参与了五分钟。我们的政策是，如果你把事情做好，你就会有更多的事情可做。这是一种简单、直接并且能被理解的组织方式。实践证明，这是有效的。

到4月我到多伦多参加竞选大会时，自由党已得到超过25万人的签名支持。大约有11.5万人将会在那周投票。因此，当我在渥太华被宣布为胜选者时，我可以声称自由党得到了超过10万加拿大人的支持。

一些人极力弱化这些数字的意义。他们认为，这些支持者并不真正依附于自由党，只是对党领袖感到好奇或是新鲜，竞选一旦结束他们就消失了。他们的理由是，如果这些人甚至不愿意花点小钱（10加元）成为党员，你还能指望他们干什么呢？在他们看来，这次领袖竞选是失败的。

不需要取得一个现代政治行为学的博士学位，你就能知道这个观点是错误的。这有悖于当代任何一种组织机构的趋势，无论是慈善机构、非政府组织、政党还是教会。人们不再像上世纪50年代通过报名参加保龄球联赛或合唱团那样加入一个组织机构。但这并不意味着人们不愿意为公共事业效力，或者没有兴趣参与。如果花点时间和当今的加拿大人相处一下，尤其是和年轻人，你就会发现他们对公共事业的敬业精神一点不输给其他任何年代的人。现在的人只是对他们所选择加入的组织有更严格的要求。他们想要更多的发言权、更多的参与机会以及大量的切入点。如果你计划从零开始成立一个组织，并想着要把大量普通的加拿大人排除在外，那你不会比那些古板僵化的传统政党做得更好。

不管怎样，数字可以说明一切。在我开始竞选时，自由党成员不超过3万人。截至2014年7月，成员就达到了16万多人，并且数字还在急剧攀升。竞选期间才对自由党感兴趣的人与刚加入自由党的新成员的重叠情况显示，我们争取支持者的努力取得了巨大的成功。在党的基层的策划和支持下，广大支持者为自由党的复兴发挥了很大的作用。

当然，我们的奋斗之路才刚刚开始。通过召开领导人大会，自由党成为一个坚强、团结和充满活力的政党。我们在国家面临的重大问题上形成了一个明确的自由主义视角。我们还建立了一个覆盖全国的志愿者网络体系，志愿者每天辛苦工作，把自由党和我们希望服务的社区重新联系在一起。尽管如此，我知道加拿大人对政治和政客依然持有怀疑态度。他们期待着我们能够一天天地赢得他们的信任。我深知这一点。

尽管距离联邦大选可能还有一年的时间，但大选形势已初步显现。我相信这将是对建设国家的不同理念的一个明确选择。保守党已执政十年，他们在新的观念上已越来越匮乏。他们对当今的主要问题时而选择回避，时而夸大其词。普通加拿大人担心自己的收入不再增长，而哈珀政府的回答则是：“你们的收入状况从来没像现在这样好过。”加拿大人希望看到自己的国家能在应对气候变化方面采取更加负责任的行动，而他们得到的回应却仅是攻击和托词。而实际上气候变化的影响越来越严重，导致最终应对气候变化的成本愈加昂贵。保守党没有能力启动战略基础设施建设，更别说建成了，这也使保守党的管理能力受到质疑。短视的移民政策在国家最需要的时候拖了后腿。不计后果地非难我们的公共机构，从国会到最高法院再到加拿大选举委员会，如此种种让我们国家走向衰弱，而不是强大。

保守党的这些弊病归根结底在于其深入骨髓的专制，那就是“不听我的就滚蛋”。相较于寻求更大的共同目标，他们更热衷于孤立和打击政敌。我想象不出这种病态的执政方式怎么能适应我们这个强大、开放和热情的国家。加拿大人民敬重那些不惧怕不同意见的领袖，只要这些不同意见是真诚的，是以尊重的方式表达出来的。哈珀时期一个恶性发展的弊端是疯狂的党派之争，他们视政治为战争，视对手为敌人。然而最后，要解决所有的问题，我们作为加拿大人必须要走到一起。正如我在当选自由党领袖后的首次全党大会上所说：我们的政治对手不是我们的敌人，他们是我们的邻居。

我希望我通过这本书表明，我的党领袖之路与别人的截然不同。我努力奋斗赢得人民的信任，我没有期望能有免费的入场券，我也没有捷径可走。因此，我想你们会同意我的观点，事情本来就是这样。我希望成为加拿大总理，因为我认为我比我的政治对手更了解这个国家，也有更好的治理这个国家的想法，尽管我并不认为因为我们意见不同他们就不是优秀的加拿大人。我对这个国家有着深刻的了解，这个国家从哪里来，是如何发展强大的，将来如何能变得更好。我们面临着很多问题，但这些问题并不比我们历史上面临的问题更严峻。我们将解决这些问题，用我们一贯的方法：建立共识。

最后我想说，我很清楚，我和我所爱的人面临着什么样的挑战。这将是一条艰难的道路。我从朋友、家人以及经历中汲取力量，是我的经历把我塑造成今天这样。我在米歇尔的追悼会上朗读的那首第一民族的祈祷词现在依然指引着我，我想不出还有什么比这首祈祷词更能向你们表达我的思想。感谢你们一直陪伴着我。

哦！伟大的圣灵，
我在风中听到你的声音，
你的呼吸滋养着世界万物。
请听我说，
我站在你面前，
我是你众多的孩子中的一个，
我是如此弱小，
我需要你的智慧和力量，
让我走在绚丽的世界里，我的双眼凝望着绯红的落日，
我举起双手崇敬你创造的万物，
我挺起双耳聆听你的声音，
给我智慧，这样我就能感悟你对人民的教诲，

请赐予我力量，不为比我的兄弟更强，只为与我最强大的敌人——我自己——抗争，

让我时刻准备着走近你，带着洁净的双手和坚定的目光，

当生命如落日般消逝，但愿我的灵魂可以无愧地走近你。

附　录

特鲁多总理演讲精选

在自由党帕皮诺选区提名仪式上的演讲

（2007年4月29日，蒙特利尔）

亲爱的自由党的朋友们，你们好。对每一个自由党人而言，今天都是伟大的一天！

首先，我要真诚地感谢你们的到来，分享我成为帕皮诺选区代表的愿望和梦想。

我还要感谢我美丽的妻子索菲，我的家人，以及过去几个月帮助我实现梦想的不同年龄和不同背景的朋友。没有这个“竞选大家庭”坚持不懈的努力，我今天不可能站在你们面前。

今天，我站在这里，是因为你们的鼓励和支持。除此之外，还有其他原因鼓舞着我。1965年秋天，公园延伸选区的居民们帮助皮埃尔·特鲁多——一个以教师为职的人——第一次进入众议院。时间在改变，选区在改变，但你们40年前作出的决定将给加拿大带来永恒的改变。25年前的这个月，那个人为加拿大带来了全世界前所未见的进步，确保民众能够充分地保护、行使人权和自由。现在，我们都是那部宪章的孩子。对此，我们无比自豪。

因此，你们可以理解，当我向你们说，你们的特鲁多总理正是我父亲时，我是多么自豪。

但今天，站在你们面前的是我。

我的名字叫贾斯廷·特鲁多，我需要你们，帕皮诺的自由党人。

我们选区的志愿者，维勒雷、露西尔·吉拉德，你们每天把年轻人和老年人聚拢到老年公寓；乔瓦尼·托尔托里奇，你把朋友带到尼古拉斯-蒂耶蒙俱乐部，还让我赢了一局纸牌游戏；乔安娜·楚布列卡斯，你每周通过菲丽亚协会帮助社区里的人。你们向我描绘了选区里高质量的生活，你们告诉我对生活和未来的希望。我想要和你们一起工作，分享你们的挑战和成功。

我要祝贺玛丽和巴西利奥对自由党的重要贡献。感谢你们两位让自由党在这一选区变得如此强大。在我们的领袖斯特凡纳·迪翁的带领下，在我们选区支持者的努力下，我相信我们会在接下来的选举中赢得帕皮诺选区。

为了走向成功，我需要你们。

我想成为你们与魁北克集团和保守党竞争中的旗手。

魁北克集团想要分化和破坏加拿大。保守党想要在社会公正问题上分化我们，在环境和《京都议定书》问题上分化我们，给我们下一代的未来带来威胁。他们想要复制美国人的立场，在加拿大的全球角色问题上分化我们。

他们想要分化我们，而我要团结大家。

我是谁？我是贾斯廷·特鲁多。一个对我们选区、我们省、我们国家充满梦想的人，并且我知道如何将大家团结起来实现梦想。在我眼里，加拿大应使我们的家庭欣欣向荣，老年人保持健康并且受人尊敬，年轻人被赋予权利并且充满希望，加拿大人再次相互团结并且成为世界需要的样子。为了实现这些，我们将共同努力，从现在开始，从这里开始。就在这个下午，用你们的投票！

宣布竞选加拿大自由党领袖的演讲

（2012年10月2日，蒙特利尔）

“不要小看梦想，因为它有调动人灵魂的力量。”

——歌德

现在，我们需要勇气，但更重要的是，需要努力和诚实的工作。我想以此开始我的演讲，告诉你们是谁最好地教会了我，就是这里的帕皮诺选区。

选区的这一边名叫“公园延伸社区”，居住着来自各国的人，他们使这一带充满活力。格扎维埃和埃拉-格蕾丝最喜欢的地方在选区的另一头，叫弗乐瑞，那是造就蒙特利尔文化的法语区之一。艺术家、知识分子还有很多普通家庭都住在那里。

选区的东边是圣米歇尔，在那里你可以找到我的好朋友拳击教练阿里·内斯特。他教我们如何与贫困和社会排外情绪搏斗，有时则是与保守党参议员较量。

这个社区的卓越之处不仅在于理念、文化和信仰上的多样性，更在于这种多样性可以和平共处。

在这儿，我们互相信任，共同放眼未来。

这份信任把帕皮诺选区的每一个人连在一起。也正是这份信任，把我们的国家连在一起。

朋友们：我爱蒙特利尔。我爱魁北克。我爱加拿大。

为我深爱的国家服务，是我全心全意的选择。正因如此，今晚我非常荣幸地宣布，我将竞选加拿大自由党领袖。

我今天在这里是为寻求大家的支持。这将是一条很长的路，就如加拿大漫无尽头的公路。一路会有起起伏伏，有时风景如画，有时枯燥无味。冬天快要到了，也许还有冰路险滩。

虽然挑战巨大，但我们会付出同等的努力和诚实的工作。努力工作正是我们所需的，且始终如此。

加拿大的成功不是偶然的，也不会无缘无故持续下去。这个壮丽、非凡的国度最初就是在一个全新的承诺下建立起来的：来自世界不同角落、拥有不同信仰和背景的人可以走到一起，为自己和后代创造更美好的生活，单凭一己之力是不可能实现的。

这个新理念就是力量在于多元化，多元化既不是无法克服的挑战，也不是不能容忍的困难。这是加拿大成功之道的灵魂。

这种理念与旧理念形成鲜明对比。新理念就是，我们对加拿大的后辈负有庄严的责任。我们要努力工作，为后辈建设一个更好的国家，创造更多机会、更多选择、更多成功，就像我们的父辈和祖父辈为我们所做的那样。

这就是那些塑造我们并将我们团结起来的价值理念。

我去过这个国家的很多地方。我可以告诉大家，这些价值生生不息，遍及各地。

各位自由党人，这些价值观不是加拿大自由党的独有财富。它不仅是自由党的价值观，更是加拿大人的价值观。

我在自由党内经常听人说，是自由党创建了加拿大。但朋友们，这句话说错了。不是自由党创建了加拿大，而是加拿大创建了自由党，是加拿大人民创建了自由党。

上个世纪，伟大、不断壮大、乐观的中产阶级达成了一个具有大胸怀、大视野的共识。为了自己，但更重要的是，为了彼此，为了子孙后代，建设一个更好的国家。

加拿大人建立了医保体系。

加拿大人建成了一个开放、充满活力的经济体。

加拿大人欢迎来自世界各地的新移民进入自己的社区和企业。

加拿大人形成了独立的外交政策。必要时，我们在遥远的土地为捍卫我们的价值而流血牺牲。

加拿大人确立了属于自己的宪法。

加拿大人要求其不可剥夺的权利和自由免受政治侵犯。

还有，加拿大人平衡了预算。

自由党为他们提供了选择的工具，自由党为他们实现抱负提供了平台，而不是从他们手中掘取资源。

当自由党处于最佳时期时，我们总是联系紧密，与人民打成一片，充满信心地吸纳他们的意见并和他们一起努力，共同建设一个成功的国家。

如果说要从过去汲取教训的话，重要的不是我们做到了什么，而是我们是如何做到的。我们应与加拿大人紧密相连。我们要以他们的价值为价值，以他们的梦想为梦想，为他们的奋斗而奋斗。

现在，到了为自由党的历史书写新篇章的时候了。

这将是一场关于未来而非过去的竞选。我希望领导加拿大人进行一场建设，而非重建；进行一次创新，而非再造。

无论如何，朋友们，我们生活的世界已今非昔比。20年前，我和一起毕业的大学同学才刚刚接触到电子邮箱。我当中学老师的时候，谷歌还没有诞生。现在，我的孩子们都不知道以前还存在过一个没有黑莓手机的时代。

但是，如果我们用新的方式去建设这个国家，我们就应该建设一些永恒的东西。

我们知道加拿大家庭想要什么：体面的工作，充满活力、不断增长的经济前景，可以使我们幼有所学，老有所养。

我们想要一个富有同情心的社会，一起帮助弱势群体，为那些不那么幸运的人提供创造成功的机会。

我们知道，加拿大是世界上最自由的国度，因为我们彼此信任。因此我们需要一个以尊重而不是怀疑的态度去对待加拿大国民的政府，一个遵行《权利与自由宪章》的政府，一个信任你们的选择、你们的价值观、你们的自由的政府。

有人说青年担负着未来。我要说，即便在现在，青年也是我们不可多得的资源。我们应该让所有加拿大青年充分享受权力，向他们提供世界一流的教育，丰富、合适的工作经验，以及为社区和世界服务的机会。他们的声音、选择和行动都至关重要：他们已经是当今时代的领导者。

对原住民而言，加拿大的现状让你们感到生活不易，你们面临的问题可能以后还会继续。但我们应成为一个人与人之间既能坦承错误，又能共同修正错误的国家。你们并不处于边缘地带。无论我们现在是谁，或者将来变成什么，你们都处在我们的中心。

我们想要一个既能点燃对未来的希望，又能给世界提供解决方案的外交政策。

我们想要一个能在全国所有地区促进经济发展的领导人，而不是一个在省与省之间播撒仇恨的领导人。

我们应该以新的全国性承诺来管理这个国家，才能无愧于这片美丽、富饶的伟大土地。我们这一代都理解，在强大繁荣的经济和健康的环境之间，我们不能二者择一，而应两者兼得。保守党的办法可能一时一事有用，但我们知道，如果不治理好环境，我们将无法创造持久的繁荣。

我们应从遗忘中汲取教训。增长、机会和进步的关键在于建设一个蓬勃向上的中产阶级，在于拥有体面工作的劳动者，在于有能力应对现代生活挑战的家庭。

一个蓬勃向上的中产阶级将带来实实在在的希望，给那些不那么幸运的人带来机会，为企业提供一个强劲的市场，并增进所有人的利益共同体意识。

近些年来，经济取得巨大成功的故事，无一不是中产阶级成长的故事。举例来说，中国、印度、韩国和巴西之所以经济增长迅速，正是因为有数以百万计的人加入到全球中产阶级行列。

在这方面，加拿大的成绩并不令人鼓舞，对此我无须赘言。你们，以及全体加拿大人，每天都身在其中。过去30年间，加拿大家庭已陷入收入停滞，生活成本上升，有的甚至债台高筑。

新民主党对此是何反应？不过是播撒地区仇恨和仇富情绪而已。保守党的回答呢？无非是给某个行业以其他行业没有的特权，并许诺财富终有一天会慢慢降临。

两者皆以苍白的意识形态来回答复杂、困难的问题。它们之间唯一的共同点，就是它们都是错误的。

我们需要解决这些问题。我们应拓展思维，接受解决问题的新方法，倾听加拿大民众的想法并相信他们。

在挑战面前，我们应把实实在在的科学事实与数据作为解决问题的依据。这种做法在现今政府眼中可能过于革命性了，但我们仍要以事实为基础制定政策，而非本末倒置，为了使政策合理化而编造事实。如果某个点子能解决问题，有助于我们坚持自身的价值观，我们就应予以采用，无论其来自左翼还是右翼。

促进中产阶级的壮大绝不仅仅是出于经济需要。

加拿大人之所以团结，是因为我们拥有共同的目标。这个目标难以用言语描述，但我们能深切地感受到它的存在，我们都在为这个目标而奋斗。阿尔伯塔省人生活得好时，可为魁北克省人带来机遇。当魁北克省人进行创新研发时，加拿大其他地区乃至整个世界都将受益。无论你生活在加拿大的哪个角落，我们都同梦想，共奋斗。

团结这个国家的不是政治阶级，而是中产阶级。正是中产阶级使加拿大成为了一个伟大的国家。

我们知道一些魁北克省人希望有自己的国家。但他们所期待的国家反映着与我们相同的价值观，保护着与我们共通的语言和文化，尊重着与我们一致的身份认同。

朋友们，我也想建立一个国家，一个值得我们共同去梦想的国家。但在我看来，这个国家应东西连接太平洋与大西洋，南临五大湖，北至极地。

在历次独立公投中，魁北克省人都决定留在加拿大。因为我们都知道加拿大是祖先传承下来的土地，是他们将这个国家从东到西连为一体，是他们书写了加拿大伟大历史的第一章，令这段历史充满勇气、自由与希望。正是因为他们，我们才有今天。

如今有许多说着其他语言的人，与我们一样怀揣着建设更好国家的梦想，追随我们的脚步而来。难道我们要因为这些人的到来而抛弃勇气、自由与希望的历史传统吗？当然不能。我们对加拿大的贡献远未结束。

我希望自由党能再次成为重视并推崇法语及其文化的政党。我希望自由党支持全国各地法裔社区的发展。我也希望自由党能帮助魁北克省人为加拿大的未来作贡献。

过去几个月，许多人都在猜测我是否会参选自由党领袖，相关的小道消息在报纸上铺天盖地，其中一些报道尤其离谱。

上次大选结束时我就对自由党人说，我们必须改变那种以为换个党领袖就能解决所有问题的肤浅思维。如今我依然坚信这一点。我竞选自由党领袖只不过是为我们带来了一缕新的光亮，并吸引更多的人关注我们，但如何利用这个机遇则要靠我们自己来把握。

随着越来越多的加拿大人关注我们，我们需要借机向他们证明自由党已经吸取了过去的教训。我们已将全部的精力放在未来，这个未来不是我们党的未来，而是国家的未来。

我竞选自由党领袖是因为我相信这个国家渴求并需要新的领袖。目前这种充满猜忌的政治环境无法孕育加拿大的未来。鉴于此，我们应该看到，尽管加拿大资源丰富，但这个国家真正的强大之处在于其拥有致力于建设更好生活和更好国家的人民。

对成百上千万加拿大人来说，如今的政府已与他们的日常生活无关，与希望和梦想更是渐行渐远。在他们看来，这个政府就是一个政客只顾玩弄政治、小圈子盛行的地方。

这个政府既不能反映民众诉求，也不符合民众的价值观。

朋友们，我们可以做得更好。

我不是对哈珀先生或穆凯尔先生进行个人攻击。正相反，我赞赏他们对工作的执着与辛劳奉献。但我认为，他们治理国家的理念是完全错误的。只要我们齐心协力，就能证明这一点。

从现在到4月的领袖选举投票，我们会经历各种波折。如果我们努力奋斗并赢得领袖选举，那么我们在2015年大选前还将面临比现在多得多的大风大浪。

我不认为自己是个万事通。说实话，我想我们已受够了那些在政坛上自诩为万事通的人。

但我知道我对这个国家的过去、现在和未来怀有一种强烈的情感。我相信自己能为解决这个国家存在的老问题带来新动力。我将让加拿大的年轻人相信这个国家需要他们，重视他们的活力、创造性和视野。只要共同努力，我们就可以让年轻人意识到，为国家服务这件事本身就是一种奖励。

我向你们保证，如果你们选我为自由党领袖，我必定兢兢业业、毫不懈怠。通过走访各地民众，我亲身体会到要赢得他人的信任与支持十分不易，没有捷径可走。只有持之以恒，才能实现目标。事实就是如此，要争取加拿大民众的心就应付出辛劳。

仔细回想一下，你们上一次信任自己的领袖是什么时候的事了？我说的信任不是“基于执政能力的信任”之类让人听着云里雾里的口号，而是真正的信任，那种你托朋友帮你接孩子放学回家的信任，那种你把家门的备用钥匙交给邻居的信任。真正的信任是一种尊重，它需要一步一步逐渐争取。

我为自己人生中与这个国家、她的土地、她的人民结下的联系而感到自豪。

朋友们，从我第一次学会走路到如今步入政坛，我们始终形影不离。你们一直站在我左右，激励我，支持我，无论顺境逆境，是你们成就了如今的我。

我选择在今天启动自由党领袖竞选活动是因为今天是我弟弟米歇尔的生日。他死于一场雪崩，当时他正从事着自己热爱的运动。他和其他加拿大人一样，无比热爱这个国家。如果他还在世，今天他应该37岁了。每天我都想念着他，并提醒自己不能把周围的人和事视作理所当然。我应该让自己的生活更充实，对自己更真诚。

在米歇尔的葬礼上，我父亲引用了《圣经·哥林多前书》中的一句话："我做孩子的时候，话语像孩子。既成了人，就把孩子的事丢弃了。"

现在是我们这一代加拿大人告别幼稚的时候了，我们应该一起思考"建设一个更好的国家"这个十分严肃、成人的问题。为了我们自己，为了我们周围的人，为了我们的下一代，我们需要一个更好的国家。

加拿大是一个备受上天眷顾的国家。我们拥有世界上最多元化的人口，但仍能和平共处。我们坚忍不拔，但也充满同情心。我们信心满满，但依旧勤勤恳恳。我们拥有让各国都欣羡的资源。

让我们将加拿大的丰富资源与人民的广博智慧结合起来。让我们再次投身到建设加拿大这个光荣而又艰巨的进程之中。让我们通过加拿大自由党——这个唯一能为所有加拿大人发声的政党——服务加拿大人民。

所以今晚，我和索菲将把对自己家人的爱展现给你们，我们将倾尽全力为加拿大和你们所有人服务。

加入我们吧！

在加拿大自由党全国大会上的党领袖竞选演讲

(2013 年 4 月 6 日，多伦多)

站在你们面前的我，父辈来自魁北克省，祖辈来自不列颠哥伦比亚省，而我本人是加拿大的公仆。

刚才你们在介绍影片中看到的，是我在过去六个月中有幸遇见的、与之交谈的、向之求教的几千名加拿大人中的几位。

他们的故事非常精彩，这种精彩源于它们在加拿大是如此普遍。

每天，加拿大人民怀揣希望，勤奋工作，用乐观、开放、同情心、服务社区的热情和宽容的价值观将这个国家团结在一起。

我的朋友们，我们的党必须是属于他们的党。

我们要让尚沙勒相信，他的职业道德、奉献精神以及对未来的乐观，我们感同身受。

我们要向佩妮证明，我们在为她奋斗，我们深知每天她身上肩负的重任，为了她的孩子们、她的邻居们和她的社区。

我们要和朱斯蒂娜和阿里共同建设一个足以承载他们梦想的国家。我们要让他们看到，加拿大全国人民和魁北克人民有着相同的价值观，那就是正直、开放和社区参与。

对于那些不相信加拿大有共同价值观的人，我希望你们多花些时间在这个国家，到每一处走走看看。

我的自由党同胞们，我想要向你们传递的信息很简单：要想领导加拿大，我们必须为加拿大人服务，而要证明这一点，行动胜于言辞。这个道理并不是我从父亲那儿学来的，而是我的孩子一天天教会我的。

保守党人已经忘记了服务的价值。如今他们只有在惩罚犯罪时才会谈论社区服务，而且哈珀先生只要求他的党团成员为他一个人服务。

这是无法令人满意的。我们的党要成为投身社区服务的领袖，这就是我号召在下届大选时每个选区的自由党候选人都必须通过开放提名产生的原因。

哈珀先生向我们展示了政府是如何脱离选民的。加拿大人民对保守党负面、分裂式的执政方式心生厌倦。穆凯尔先生领导的新民主党则说，如果无法击败保守党，那么还不如加入它，这让人们感到失望。

穆凯尔先生和哈珀先生都是玩分裂式政治的高手。他们乐于利用差异和异见，为自身利益服务。

东部对抗西部，魁北克省对抗加拿大的其他地区，富人对抗穷人，城市对抗地区，诸如此类。

这是旧式政治，但在短期内可能奏效。哈珀政府就是靠这个赢得了选举。

我们要做得更好。我们的民族是乐观、勤奋和善于解决问题的民族。加拿大人民需要一个积极向上的党带来新办法、新思路和全新的执政方式。我坚信，只要我们从现在开始每天努力工作，加拿大自由党将在2015年成为那个积极的选项。

让我明白无误地告诉你们。

我希望成为你们的领袖，因为我想要和你们以及数百万加拿大人一道，建立起一个可以取代保守党的积极选项。我们将会赢得加拿大人民的信任，成为他们的自由选择。

加拿大人不仅想要一个不同的政府，他们还想要一个更好的政府。

一些人认为，我们要不惜一切代价和办法获得胜利，这种想法是错误的。一些人认为，只要把这个政府赶下台就能让加拿大面临的所有问题消失，这种想法也是错误的。

这样看待未来未免太天真太简单。

我们正面临真实和重大的挑战。

加拿大中产阶级的收入已停滞，支出在增加，债务在增多。仅仅把哈珀先生赶下台无法使中产阶级获得30年来第一次实际的收入增长。

加拿大青年不会因为哈珀先生下台了就得到工作机会。

魁北克人民不会因为哈珀先生不再是总理就自动重回加拿大联邦的中心。

加拿大在环境领域的国际声誉不会在哈珀先生下台的第二天就自动恢复。

事实上，加拿大人民是为一项伟大的事业而投票，而不是为了反对某个人。他们是为了一个包含价值观、梦想和期待的愿景而投票。

这个愿景不会从弗兰肯斯坦式的怪物那儿得来，因为这个怪物在诸如宪法、自然资源和自由贸易等问题上和自己作战。它的首要目标是延长而不是终结哈珀先生的总理生涯，但它将会失败。

从阿尔伯塔省的波诺卡市到曼尼托巴省的橡树岛到新布伦瑞克省的埃德蒙兹顿市，加拿大人民希望我们学会这一课。在竞选过程中，我向他们描述了一个与本届政府截然不同的国家愿景。

我们发展经济的最高目标是为中产阶级以及那些努力工作希望加入中产阶级行列的人们带来富足。我们的基本原则是机会均等。我们的施政议程包括加强技能培训、为弱势群体提供支持、吸引投资和扩大贸易。

这是一个拥抱多样性的愿景。在这个愿景中，加拿大因为我们的差异而强大。在这个愿景中，我们笃信联邦主义，认为应在充分考虑各省和地方实际能力的前提下，平衡处理好国家的发展重点。

这个愿景将加拿大的新移民视为国家和社区的建设者，而不仅是劳动力或是拉选票的对象。

在这个愿景中，经济繁荣和环境保护能够并且必须在21世纪齐头并进。我们不会忽视科学，不会回避诸如碳定价等棘手问题，也不会以牺牲某个行业或某个地区为代价使执政之路变得轻松。

我领导的自由党绝不会用西部的资源换取东部的选票。

我们将捍卫国家统一。我们要向魁北克人民以及全体加拿大人民提出一个进取的、凝聚人心的政治计划。我们的国家作为一个整体将比所有局部的总和更强大，因此我们无所畏惧，雄心勃勃。

我们的外交政策将推动和平、民主和发展。加拿大必须在国际舞台上扮演核心角色，推动开展积极的辩论和探讨，而不是像今天这样制造分歧。

我的自由党同胞们，请完全相信，如果我成为你们的领袖，加拿大将拥有一个清晰、积极的愿景。在竞选过程中，这个愿景已雏形初现。我们已经专注于中产阶级的繁荣、健康的民主、可持续的经济发展等重大问题。

这个愿景将由你、我以及全体加拿大人民共同实现。

这将是一个崭新的政治世界。

如果我们努力工作，保持乐观，我们将所向披靡，在30个月后成为取代保守党的人选。这种所向披靡，并不是因为我们是自由党人，而是因为我们是百分之百、无可辩驳的加拿大人。

这并非易事，任何值得付出心力的事都不容易，但这将通向2015年的胜利。

怀揣希望吧，朋友们，是的，永远怀揣希望。但我们应做得更多。怀揣希望再加上努力工作。

你们瞧，哈珀政府最大的问题不是心胸狭窄，而是毫无雄心。

这些天保守党发出了什么经济讯息？只因为不在欧洲，加拿大人民就应该高兴吗？

更糟的是，保守党将我们面临的挑战作为他们丑化对手和分裂人民的机会，却不去寻找应对挑战的方法。

自由党有责任要说，保守党的执政方式不够好。当下的政治现实远不如加拿大人民那么好。加拿大值得拥有更好更多。

有些人问我："你凭什么认为自己堪当大任？"

我要对他们说：我出生以来踏遍了这个国家的每一寸土地。无论是东部还是西部，英语区还是法语区，我都生活和工作过。无论在北极群岛还是南极点，我都有引以为豪的挚友、同事和支持者。

我在过去六个月中有幸遇见的、与之交谈的、向之求教的加拿大人比哈珀先生过去六年见过的还要多。

我一生都对加拿大人民敞开心扉，也因为如此，我对这个国家有深入的了解，她来自何处，现在何地，加拿大人民又期待她去向何方。

保守党人和教师怎么了？他们每次和教师见面总要起争执。我作为数十万教师中的一员深感自豪。我要告诉你们，朋友们，我这个教师要开始反击了。

在结束演讲之际，我想和你们分享一个故事。

你们中的许多人都知道，今天是个纪念日。就在45年前的今晚，我父亲当选为加拿大自由党领袖。

在我竞选的过程中，许多加拿大人主动和我分享关于我父亲的故事，让我告诉你们其中一个特别的故事。

我在贝尔维尔市皇家学院遇到了杰夫·凌警官。那是上午一连串活动快结束的时候。凌警官走到房间前面，送给我一份礼物，我立刻认了出来。这是一张我和父亲的照片。你们可能也看过。当时我大约两岁，父亲把我夹在胳膊下面，正匆匆赶往总督府。

父亲和我都看向一位皇家骑警警官。他身穿制服，正向我们行一个飒爽的军礼。

这张照片对我的重要意义不亚于对杰夫的意义，因为那位警官是他的父亲。

让我感动的是，杰夫正以他父亲当年那样的奉献和骄傲，默默地为国家服务。那一刻，我想起了千千万万我有幸与之一同成长的加拿大人。他们为国家作出了贡献，终将善有善报。

我知道有些人会说，何必在这儿怀旧呢，这些事情和你、我还有加拿大没什么关系，说白了，都是关于我父亲的。

我要对他们说，是的，这关于我的父亲，还有凌警官的父亲。还有我们的母亲和你们的母亲。这关于我们所有人的父母以及他们留下的遗产，这个遗产就是，他们为我们建设的加拿大。

无论是我们的父母还是我们都知道，未来比过去更重要。与我们父母留下的遗产相比，永远是我们的孩子更重要。

只要怀揣希望，努力工作，我们就能取得进步。我们能将从父母那儿继承下来的国家建设得更好，并将她交给我们的孩子。

进步。这就是自由党的核心价值。这就是为什么在这片土地的每个角落，在社会的各个领域，一代代的加拿大人会为我们的党奉献心血和智慧。

我在10月曾说过，并不是自由党创建了加拿大，是加拿大创建了自由党。过去的六个月告诉我，加拿大人民也许，只是也许，愿意再一次那样做。

我们能够领导一场许多加拿大人期待实现的变革。

我希望你们能参与进来，奉献你们的时间、智慧、希望和努力。

这周，希望你们投我一票，让我成为加拿大自由党的下届领袖。

加入我，加入我们，我们的付出将使我们为之自豪。无论现在还是将来，相信我们的国家。

谢谢。

在当选加拿大自由党领袖大会上的演讲

(2013年4月14日，渥太华)

谢谢朋友们，谢谢。

通常开始的时候我会首先感谢我的家人和朋友，因为他们容忍我不在身边，允许我离开去参加竞选。但这么说并不完全准确。我决定竞选党领袖绝不是没有考虑我对家庭的责任，而恰恰是因为这份责任。家庭和朋友永远是这场竞选的重点，我们在共同努力。

谢谢索菲，谢谢格扎维埃和埃拉-格蕾丝。

对其他参选人，乔伊丝、玛莎、凯伦、黛博拉、马丁、大卫、乔治、马克，对成百上千名为你们的竞选而工作的加拿大人，我想说：我们不是敌人，而是盟友。你们的勇气、智慧和奉献将会继续给加拿大自由党带来荣耀。

我要从心底里感谢我的朋友和同事，一位伟大的加拿大人，鲍勃·雷，他为这个党的健康发展付出了辛劳和汗水。鲍勃，我们仍然需要你的领导、你的智慧，以及你对国家和我们党无可比拟的忠诚。

这是一场伟大的竞选运动，是由志愿者积极推动的竞选，我们对此感到非常自豪。一万两千多名志愿者参与进来，感谢你们，你们的无私奉献使这个美好的国家变得更好。

和其他高效的组织一样，我们的竞选团队拥有原则性强、才华横溢并且慷慨无私的领导：我的朋友、同胞凯蒂·特尔福德和格里·巴茨。感谢你们过去的付出，感谢你们现在的努力，感谢你们为我们的未来共同奋斗。罗布、朱迪、乔治、艾丹还有艾娃，谢谢你们让格里和凯蒂与我们一起工作。

我的自由党同事们，对那些之前曾站在这个地方，并且不屈不挠、辛勤工作的自由党同事们，我满怀敬意。我谦恭地接受你们寄予我的信任。谢谢你们，谢谢大家。谢谢你们的信任和希望，感谢你们选择参与我们共同的事业。

在这个美好的春天的夜晚，在我们国家的首都，我很荣幸与你们站在一起，为担任加拿大自由党领袖感到自豪。

朋友们，这是这场竞选的终点，但却是下一场竞选的起点。

过去六个月来，我从南到北、从东到西，走访了数百个社区。同成千上万名加拿大人见面、交谈，向他们学习。由于你们的辛勤工作，十万多张选票已传递出清晰的信息：加拿大人需要更好的领导、更好的政府。

加拿大人想被领导，而不是被统治。他们厌倦了哈珀领导的保守党消极、分裂的政治策略。他们对穆凯尔领导的新民主党不感兴趣。新民主党已经作出决定，如果不能打败保守党，那就加入它。

我们厌倦了那些让加拿大人相互争斗的领导人。他们使西部与东部、富人与穷人、魁北克与加拿大其余省份、城市与乡村相互对立。

朋友们，加拿大人民在看着我们。他们在给我们一个机会，盼望着威尔弗里德·劳里埃的政党能够重新铺就阳光大道，盼望着积极向上的政治有机会抗击那些恶意的攻击，你我都知道，这种攻击很快将充斥全国的电视荧屏。志愿者告诉我们，攻击的电话已经开始拨打了。

我在此改编一下伟大的美国总统富兰克林·罗斯福曾发过的感慨：在这个国家，消极、肆意攻击和恐惧的力量从未像现在这样集中在对一个候选人的敌意中。

保守党人现在就这样做了。他们还会极力传播恐惧，散布谣言，还试图让加拿大人相信，我们应该对现在拥有的一切感到满意。

因为他们毫无雄心大志的政策的中心意思就是，“更好”是不可能的。指望从我们现在的政治和领导人那里得到更多东西——更加人道、更加透明、更多同情——是幼稚的，也是必然会失望的。他们将不遗余力地推销那种分裂和消极的观点，他们这么做原因很简单，他们害怕了。

但是，我想给你们讲清楚，我的同胞们，哈珀先生和他的党所害怕的不是我当选领袖，他们害怕的是你们。

没有比一名见多识广且积极参与政治活动的加拿大公民更让保守党害怕的了。

朋友们，如果说我这一生中学到了一件事，那就是我们的国家有幸拥有无数来自各行各业、持各种政治观点的积极活跃的公民，他们在此次竞选中大批涌现出来。

他们成百上千人在阿尔伯塔省的波诺卡、不列颠哥伦比亚省的奥利弗、萨斯喀彻温省的艾伯特王子城和曼尼托巴省的塞纳斯岛聚集。加拿大人原以为他们将社区领袖送往渥太华为他们发声，恰恰相反的是，回到社区的只有哈珀先生的声音。

在温莎、惠特比、密西沙加和万锦地区的集会上，我们曾看到他们充满期盼的面孔。中产阶级为经济投入那么多，得到的回报却那么少。

从埃德蒙兹顿到哈利法克斯，从萨默赛德到圣约翰斯，我们看到来自大西洋省份的辛勤工作的加拿大人已经认定，这个政府与他们的价值观不同。（致我在拉布拉多的朋友们，我期待很快见到你们。）

从坎卢普斯到瓦普麻古绥，我们见到了来自全国各地的年轻的原住民领袖。他们不想再被迫退到这个国家的边缘地带。他们勇敢地在加拿大的冬天步行1600公里，只是为了来表明，他们是“动真格”的。

生活在希迪亚克、萨德伯里、圣博尼费斯说法语的人们，还有全国各地希望他们的孩子在法语环境中茁壮成长的人们，你们的决心激励着我，也将激励整个国家。

从加蒂诺到加斯佩的魁北克人想重新参与到这个国家中来，参与到他们的国家中来。他们没时间理会他们的父辈曾经面对的分裂问题，只是想和拥有相同价值观的加拿大人共同努力，为我们的子孙后代建设一个更加美好的国家。

我想花点时间对我的魁北克人民直接说几句话。

近几个月来你们的参与和支持让我深受感动。从我们的对话和会面中我学到了很多东西。我从不认为这是理所当然的。

我对未来充满信心。我想跟你们说，为什么魁北克人从来都是国家的建设者。从尚普兰、劳里埃到今天，他们与其他无数加拿大人一道，积极参与建设我们这个国家。

我们的事业远未完成。我们面临着巨大的挑战：帮助中产阶级养家糊口，协调经济增长和环境保护的关系，在世界上发挥积极而重要的作用。为了克服这些挑战，我们必须展示我们的胆识与抱负。我的朋友们，我们永远都需要胆识和抱负。

说老实话，我们无法使每一个人都信服，疑虑总会存在。有人说我们国家这样庞大，这样千差万别，我们无法进行有效管理，也无法做到每个人的利益都能得到保障。他们错了，我的朋友们。

我并不是说治理国家总是那么容易，也不是说未来没有一点障碍，更不是说我们不需要作出某种妥协。

加拿大的建设是一个宏伟的、尚未完成的工程。将由我们，和所有的加拿大人一起，来建设一个我们理想的国家。我们书写国家历史新篇章的时机已经到来了。

我们不要那些过时的、毫无意义的纷争，不要那些极端党派的言论和落伍的政治游戏，不要人身攻击。这些都留给别人吧。

魁北克人，让我们再次一起成为加拿大的建设者吧。这样我们的国家才能实现所有国民的理想与抱负。这样我们才能给子孙后代留下一个更美好的世界。

朋友们，只有证明能够更好地服务国民，自由党才能重获加拿大人的信任。这就是我们首要的任务。这也是我作为加拿大自由党领袖的行动指南。

对还没有涉足政治的加拿大的新一代以及所有的年轻人，我想说的非常简单：你们的国家需要你们，需要你们的能量和热情，需要你们的理想和理念。

在过去六个月中，我们所取得的进步是你们的，都属于你们。正是有了这些进步，我们才能改变政治。正是有了这些进步，我们才能改进我们的政治体制，才能使经济发展和环境保护成为我们的优先选择，才能使我们的国家在国际舞台上发挥积极和建设性的作用。

我的自由党同事们，加拿大人民都在看着我们。这次选举不仅仅是我们的选举，更是他们的选举。

他们需要更加美好的国家，他们不相信这只是黄粱一梦。他们希望把父辈和祖辈千辛万苦开创的国家建设得更加美好，留给他们的子孙后代。

无论保守党如何挖空心思，加拿大人民仍将拥有永不改变的精神：乐观、开放、爱心、服务和宽容。

我们相信变革终将发生。我们需要一个领导集体，它能调动我们最好的天资建设一个更加美好的国家。

加拿大人民不甘心忍受愚妄的人。加拿大人民过去远离了我们，是因为我们背弃了他们，是因为自由党人将精力都放在了相互争斗，而不是为了加拿大人民而努力奋斗上。

我不在意你们认为我父亲究竟是伟大还是傲慢。我也不在意你们过去是属于克雷蒂安派、特纳派、马丁派还是其他任何派别。就在今晚，就在这里，与某个名字相连的自由党派系时代终结了。

从今天开始，我们视所有自由党人为加拿大自由党人。让我们团结在服务和领导加拿大人民的奉献精神之下。我们不是为了团结而团结，而是为了我们的目标而团结。

我想对千百万加拿大中产阶级成员以及为了成为中产阶级成员而每天辛苦工作的人说，我领导的自由党的目标就是你们。我承诺，每天从早到晚，我都会认真思索并努力解决你们面临的问题。

我知道你们看好我们，但比较谨慎。你们毕竟都是加拿大人。你们知道希望是个好东西，但如果没有相应的努力奋斗来支撑，希望就会稍纵即逝。因此，我知道你们将根据我们的职业操守是否过硬，我们的努力是否持之以恒，以及2015年我们建设美好国家的规划是否清晰，来评判我们。这些都是我们应该做好的。

我知道我的人生是多么幸运。幸运首先是，我从太多的加拿大人身上学到了太多的东西。我领悟到，在这个国家最重要的一点就是，领袖意味着服务。

我热爱这个国家，我的朋友们，我深深地信赖这个国家。这个国家应该拥有比当前更好的领导人。

因此，我们要对目前所取得的成就保持清醒头脑。我们发奋图强，完成了一次伟大的选举。我们团结一致，充满希望，坚定不移，去实现我们的目标。

但是要明白一点：我们仅仅是赢得了一个需要更加努力奋斗的机遇。我们需要加倍地努力工作，以证明我们是值得领导这个伟大的国家的。

我们应该深深地、深深地感谢这个机遇。作为你们的领导人，我将全力以赴，确保我们一定把握好这次机遇。

变革一定会发生。加拿大人民需要能和他们一起实现变革的领导人。

对未来充满希望吧，我的自由党同事们。努力奋斗，专心关注加拿大人民。我们能够引领实现这个无数人所期望的变革。

建设一个更加美好的加拿大永远是可能的。让我们一起努力实现这个伟大目标。

谢谢大家。

在第11届复兴伊斯兰精神大会年度大会上的演讲

(2012年12月22日，多伦多)

你们好。(阿拉伯语)

今天我站在这里，因为我相信言论自由。

今天我站在这里，因为我相信和平集会自由。

今天我站在这里，因为我相信《权利与自由宪章》，它确保了你我以及所有共享这片土地的人们的神圣权利。

但更主要的是，今天我站在这里，因为我相信你们。我相信你们为我们国家作出的贡献。我也知道，未来我们共同努力将作出更大的贡献。

让我先从一个故事讲起。一个关于你们历史的故事。我希望当你们思考我们共同的未来时，能想起这个故事。

许多代人以前，一个年轻人面临来自传统宗教长者的挑战，这些人我们今天可能称之为宗教激进主义者甚至是极端主义者。

你们知道，一个长达数百年之久的冲突正在升级。每一派的尊者都坚信自己一方是正确的，并且高调宣称，不仅其他派别是错误的，而且连同其成员的宗教信仰、文化和身份都是错误的。

正如世事大多如此，这些领袖对同族内希望寻求共识的人嗤之以鼻，他们知道，节制和妥协对于自己希望推行的严厉教义是种威胁。

当时，这个年轻人很挣扎。他刚刚开始行走世界。他面临许多你们今天可能同样面临的问题。我该如何遵从我的价值观和文化，同时为我所在社会的利益服务呢？

他知道他是谁以及他所信奉的一切。他为他的传统、文化和宗教感到自豪。但和那些用传统、文化和宗教筑起社会围墙的人不同，他果断地踏上了截然不同的道路。

当时，他得到了一个天赐良机：在一群政治、宗教和商界领袖面前演讲。

于是，他向这些领袖提出了一个具有挑战性的问题：能否超越狭隘的现实疆界，面向未来？他说："上帝将不同背景和信仰的人们团结在这个地球的角落，这让我们大家拥有普遍的共同利益，这不是显而易见的吗？"

正如我所说的，那个年轻人是你们历史中的一个重要人物。但他没有成为一个阿訇、一个献身于神的人，或是一个哈里发。

那是在1877年的魁北克城。那个勇敢的年轻人名叫威尔弗里德·劳里埃。当年他35岁，能够为人称道的只有近三年的议会工作经历。当时他作出了一个艰难的选择。

他没有顺从同族长者并且将他惊人的才能贡献于本族裔，他选择了一条前途未卜的新路。这条路不仅宣扬了本族裔文化中优秀和高尚的部分，而且运用它们服务于一个更高的目标：在不同信仰的人们之间寻求共识。

劳里埃认清了一件事，或许他比任何加拿大人都更明白：在这个地方，一种新理念正在形成，一种全新的共存方式也许是可能的。

他知道，这个国家的创立者和建设者在各自的祖籍国已经打了几百年的仗，英国人和法国人打仗，天主教徒和新教徒打仗。不久前，这些无情的杀戮和冲突伴随着他们穿越大西洋来到这里。

但是后来一件奇特的事情发生了。尽管英国人在战场上获得了胜利，但战后战争各方获得了同等的自由。

劳里埃演讲中最动人的一段是当他谈到亚伯拉罕平原上的方尖碑的时候。他说："在阳光之下，你除了这里是否还能找到其他国家，为征服者和被征服者共同建起记忆的丰碑？在阳光之下，你除了这里是否还能找到其他国家，征服者和被征服者的姓名受到同等的尊重，获得同样的地位？就算与世界上最自由的国度相比，哪个加拿大人不为我们的制度而自豪呢？"

这个故事的意义不仅在于历史上那辉煌的一瞬，更在于之后发生的事情。

这就是我们得到的遗产，一代代人延续着它，直到今天。

曾经是敌人的双方走到一起共建国家制度以及宪法，这些制度确保了他们和所有后来者的自由权利。

之后的许多年里，你能想到的各个文化、宗教和种族的人加入了这个伟大的项目，这其中有前仆后继的青年男女希望突出他们本族文化中的友善，有崇尚自由的人们致力于推广作为所有信仰之源的慷慨精神，并用这种精神寻求不同信仰人群之间的共识。

正如《古兰经》中所言："至仁主的仆人是在大地上谦逊而行的；当愚人以恶言伤害他们的时候，他们说：祝你们平安。"（《古

兰经》第25章63节）

这从来都不是一件易事。这条道路从来都不平坦，也不是直的。一代代加拿大人必须克服深层次的差异。他们经过深思熟虑之后拒绝了怨恨和冲突。

今天，因为他们，我们才有幸生活在人类历史上最多元的国家。她同时也是最和平和最繁荣的国家之一。

我们的目标已经超越了宽容。说“我对你宽容”意味着不情愿地允许你和我呼吸同样的空气，走过同样的土地。在这个世界上的许多地方，宽容还只是个遥不可及的梦想，但在加拿大，我们已经超越了这些。因此，让我们不要再用宽容这个词，而是用接受、理解、尊重和友谊。

在这儿，我们已经有了新的共识：一个国家不是尽管多元却伟大，而是因为多元而伟大。

现在，这是我们的故事，是你的，也是我的。这是我们的国家加拿大的故事。

因此这个周末当你们展望未来时，振作起来吧。要知道，我们当下面临的挑战从前有人面临过。我们心中感到的冲突从前有人感受过。妥协和节制不是软弱之路，而是勇气和力量之路。对于这个国家中希望寻求共识的人们来说，总会有一条积极的道路。

最重要的是，记住这个：这份遗产要被那些相信劳里埃的愿景的人不断地延续下去。

当人们聚到一起，为他人创造机会时，我们共有的梦想将驱散那些分隔我们的恐惧。

团结这个国家的是中产阶级而非政治阶层。我们广泛而多元的中产阶级向所有人张开臂膀，他们是加拿大的重心所在。他们是好人，拥有共同的希望和挑战，聚到一起寻找共识。

这个世界上已经有太多势力，它们将我们分裂成单独的阵营，隔离我们，使我们相互怀疑。

昨天，因为我捍卫同性婚姻和女性权利的立场，抗议者们试图阻止我在一所学校演讲。而且如你所知，一些保守党人试图就今天我出席这个活动挑起争议。他们试图迎合一些人的恐惧和偏见，而这个大会创立的目的就是为了克服这些恐惧和偏见。

我尊重和捍卫这些人表达观点的权利。但我想让你们知道，对于制造分裂和恐惧的政治，我会一直抗争下去。让一群加拿大人跟另一群斗，这太短视了。这也许会让一些人短暂地感到开心，甚至在短期内会有政治效果。

但这不能用来建设国家。更不能用来建设这个国家。这并非我们的本色。

今天我们在这里要做的是一代代加拿大人一直在做的事。我们用友谊和理解来尊崇我们的多元化，并且以此建设一个共同的、积极的未来。

因此我加入你们，共同创造一个更有希望的未来。让我们发誓建设一个凝聚人心的国家，在这个国家里，妥协、节制和共识是最高尚的美德。

劳里埃发表首次演讲30年后，即在他担任加拿大总理的第三个任期内，他在埃德蒙顿对一群听众这样说：

“我们不愿意，也不希望一个人忘记他从哪片土地上来。让他们回首过去，也希望他们多展望未来。让他们回首自己祖先的土地，也希望他们多看看自己孩子脚下的土地。让他们成为加拿大人，让他们将他们的心、灵魂、能量和全部力量贡献给加拿大。”

那是劳里埃对我们的希望。这也是我对你们的希望。怀揣希望，保持乐观，我的朋友们。你们的国家需要你们。

愿和平、仁慈和保佑与你们同在。

在加拿大联邦议会选举之夜的胜选演讲[①]

（2015 年 10 月 20 日，蒙特利尔）

一百多年前，伟大的总理威尔弗里德·劳里埃提到了阳光的方式。他知道政治可以促进人们向善，这也是加拿大人民向世界发出的讯息。我们选择改变，真正的改变。

阳光的方式，我的朋友，阳光的方式。这是积极的政治可以做到的。这是一个充满希望的愿景、一个平台和一个团队就可以实现的。这个伟大国家的人民今晚发出了一个讯息，是时候改变我们的国家了，我的朋友，真正的改变。

今晚，我要向很多人表示感谢，也会在将来向他们中的一些人表达谢意，但我想从我的家人开始。我想首先感谢我的家人——索菲、格扎维埃、埃拉－格蕾丝和哈德里安，感谢你们让我为国家服务。谢谢你，索菲，你有力量、同情心、伟大的精神和宽广的胸怀。格扎维埃、埃拉－格蕾丝和哈德里安现在都在睡觉，明天早上将和我们在一起：我的孩子们，我们将共同经历一场全新的冒险。作为总理的孩子，你们将会经历困难，但爸爸会

---

① 这篇及下一篇演讲作于总理自传成书之后。经特鲁多总理同意，特附于此处，以飨读者。

陪在你们身边。

我还要向2008年起就信任我的人民表示感谢——帕皮诺选区的人民。再次感谢你们的支持，谢谢你们对我的信任。首先，我很荣幸可以在下议院代表你们。你们，帕皮诺选区的公民朋友们，已经把最重要的问题告诉我了。我仔细聆听了你们的问题，这让我成为一名更加合格的议会成员、一位更好的领导，并将帮助我成为一位更出色的总理。谢谢你们。

我还想特别感谢我的好友凯蒂·特尔福德和格里·巴茨。凯蒂和格里是天下最聪明、最坚强、最努力工作的人。他们同我分享了这一信念：并非消极而又徇私才能获取政治上的胜利，可以求助于那些更优秀的天使。

今晚，我亲爱的朋友们，我们证实了这一点。我希望这将鼓舞志趣相投的人们加入到这个国家的公共生活中来，让大家知道，积极、乐观并且充满希望的公共生活并非一个天真的梦想，它可以有力推动我们的变革。

我还想感谢那些志愿者，正是他们难以置信的工作让今晚美梦成真。有超过八万名加拿大人投入了这次竞选的核心工作。他们敲邻居的门，打电话，发邮件。还有成千上万的民众说服了邻居和朋友，或者在网上积极支持我们。所有这些人都有一个共同点：他们深深关心着家人、社区和国家。他们相信明天会更好，公民的积极参与会让更好的明天成为现实。正是这些了不起的志愿者们在为我们的事业加油鼓劲，我从心底里感激他们。

现在我想说说走道对面的同事们。今晚，我接到了他们所有人的电话，包括哈珀先生。史蒂芬·哈珀已经为国家服务了十年，我们深深感激他所做的一切，感谢他为国家奉献了自己。

在竞选过程中，关于我们的家庭，我有幸和他私下简单聊过两次。这让我想到了在最高层为这个国家作出非凡和独特贡献的每一个人，我想告诉大家，正如我在竞选过程中说过很多次那样：保守党不是我们的敌人，而是我们的邻居。领导力是让不同视角的人走到一起。

我还想说，托马斯·马尔凯在竞选中精力充沛，他一直强有力地战斗到了最后。他的忠实拥护者们，我理解今晚你们有多失望，我们自己经历的艰难时刻对我来说仍然历历在目。不要失望，我们的国家需要像你们一样积极参与的公民，这样我们的国家才能更强大。谢谢。

今晚和明天，关于我和我们的竞选，你们将听说很多事情。我们之所以能取胜，仁者见仁，智者见智。三年以来，我们一直坚持这个守旧的策略，我们同尽可能多的加拿大人见面、交谈，倾听他们的心声。我们之所以会赢，是因为我们倾听。我们的足迹遍布全国，我们在北极的严冬中和成百上千人见面，也在竞选中期和布兰普顿的人交谈。

是你们建了这个平台，是你们开展了这场运动。你们告诉我们怎样做会成功，你们需要什么样的政府。我们只是设法实现了你们的想法。你们聚集在咖啡馆、市政厅、教堂的地窖里，你们和我们在一起，告诉我们你们想要建设一个什么样的国家留给子孙后代。

过去的三年中，你们告诉我们你们所经历的一切。你们告诉我们你们的生活越来越拮据，根本无法展望未来；你们告诉我们你们担心退休以后是否负担得起体面的生活；你们告诉我们社区需要投资，你们需要更好的工作和公平的机会。你们激励着我们去奋斗，你们是我们为了今晚努力工作的原因，你们将永远是这个新政府工作的重心。

因此，今晚我要传递给你们，我的公民同胞们，一个很简单的信息：相信你们自己和你们的国家。我们可以实现我们想要实现的一切，只要我们努力工作。

今晚创造历史的不是我，是你们。不要让任何人改变你们的想法。我知道今晚我能够站在这个台上只有一个原因：是你们让我在这里。你们已经给了我很清晰的出发命令。你们想要你们的政府像你们一样努力，每分每秒都努力发展经济、创造就业以及壮大中产阶级，致力于帮助那些不幸的加拿大家庭努力跻身中产阶级的行列。

你们想要你们的总理心中明白，加拿大之所以强大，正是因为我们的多元化；这个总理永远不会分裂加拿大人民，而是抓住一切机会把我们团结在一起。你们想要你们的总理懂得，如果加拿大人民信任他们的政府，政府也应当信任人民；这个总理知道透明和公开才是更好更明智的决定。你们想要你们的总理理解民族之间的新型关系，尊重原住民的权利并遵守契约，消除隔阂并携手同行。

我的魁北克同胞们，今晚，我们一起选择了一条共同的道路。我们选择了重新参与到更加积极、统一的政体中来，选择重新参与到体现我们自身价值和雄心的国家管理中来，选择为了我们共同的未来付出信任和努力。

在过去的三年中，我花了很多时间同你们见面，倾听你们的心声。你们告诉我你们需要一个开放透明的政府，一个信任民众的政府，一个为全体加拿大人民服务的政府。今晚，我给你们一个承诺：我将做全体加拿大人的总理。我们将组建一个尊重我们的制度的诚信政府，同各省的合作将是政府工作的指导原则。

我亲爱的魁北克同胞们，感谢你们。今晚，加拿大完整了。今晚，魁北克地区重新回到了加拿大的怀抱。

加拿大人民说话了。你们需要一个有眼光的政府为这个国家制订积极、宏大和充满希望的日程。我的朋友们，我向你们保证，我会带领政府实现大家的愿景，做一个大家期望的总理。

这次竞选中有1792名加拿大人将名字写在选票上、草坪标语牌上。你们选出了他们中的338人在渥太华为你们发声，我今晚向你们保证，我将聆听他们每一个人的讲话。

关于这次竞选，我有太多想说的故事，但我特别想给你们讲讲这个故事。上周，我在安大略省的圣凯瑟琳斯市碰到了一位戴着头巾的年轻妈妈，她是一位虔诚的穆斯林。她穿过人群，把小婴儿抱给我。她向前探出身子的时候说了一句话，我永远不会忘记。她说她给我们投了票，因为她希望将来她的小女儿可以有权利选择自己的生活，我们的政府会保护她的权利。

我对她说：你和你的同胞们选择了一个新的政府，一个深信多元化国家的政府。我们深深懂得加拿大是由来自世界的各个角落、信仰各异的人建成的，他们的文化、语言各不相同。

我们相信这个国家独特的多元化是祖先留给我们的珍贵财富，是我们的祖先同各种形式的偏见和歧视斗争的结果。我们知道这个令人羡慕、包容性强的社会的诞生并非偶然，维系更需要努力。我一直清楚这一点，加拿大人也知道。如果不是这样，我今晚就会早一点讲话，内容也会大大不同。

我的朋友们，请对你们的同胞有信心，他们宽容仁慈，开明乐观。他们深知加拿大是属于加拿大人民的。

我的朋友们，我们用希望战胜恐惧，用努力工作击败悲观厌世。我们用积极的愿景团结加拿大人民，打败消极分裂的政治。最重要的是，我们战胜了加拿大应当止步于眼前的观点，我们推翻了加拿大已经够好、无法再进步的想法。我的朋友们，这就是加拿大，追求永无止境。

谢谢你们。非常感谢。

（徐黎　译）

在世界经济论坛上的演讲

(2016 年 1 月 20 日，瑞士达沃斯)

今天，我们聚集到一起共同商讨第四次工业革命是否已经开始，这是个多么激动人心的议题。蒸汽动力曾经彻底改变了世界的面貌，电力和电脑也是如此。现在，我们正处在另一场巨变的风口浪尖，唯一不同的是，这次变化的速度将是空前的。

新科技总是令人眼花缭乱，而我们对其永无止境的追求并非仅限于此——我们需要、创造并支持新科技的发展，根本原因在于它能够改善人们的生活。如果在 20 世纪早期，我们没有建设公共基础设施以支持电气大众化，那么就只有富人可以享受暖气和自来水，弹性经济体坚实的基础——中产阶级就不会出现。科技要为人类进步服务，既不能代替也不能干扰人类的进步。简而言之，发展要可持续，必须惠及众人。

计算机、信息科技、机器人技术和生物技术为我们带来了多么惊人的进步，这是显而易见的。同样，不难想象，这会导致大量失业和社会更大不公的出现。然而，科技本身不能决定我们的未来。我们自己的选择，我们的领导力才能决定我们的未来。

我相信积极并且雄心勃勃的领导，我认为领导不应该过分关注并利用那些被剥夺了权利的弱势群体的焦虑来做文章，而应当为每一个人争取更多上升的机会，应当追求可以促进社会发展的政治，并且确保社会发展为每一个人带来实实在在的好处。积极的领导力能够带来良性循环，我们为众人谋的福利越多，越能壮大中产阶级。同时，如果我们为努力工作的人提供更多跻身中产阶级的机会，我们会获得更多民众的支持。

我们要相信我们的公民，要为每一位公民的成功助一臂之力。第四次工业革命除非能够为那些不能来参加本周会议的民众创造真实的发展机会，否则注定要失败。

在加拿大，我们深知这一点。我们需要教育，让民众具备学习、思考和适应的能力。我们需要建设基础设施，以确保变革顺利进行。我们需要政策，以鼓励科学、创新和研究。我们需要多元化的社会，因为这是力量的源泉而非劣势。我们需要愿意为实现以上所有而投入的政府，需要明白创新都是源于个体的努力。

让我们把目光转向硅谷，那里总是充满了点子和实验。硅谷的多元化是其保持创造力的主要原因，那里的工程师和企业家来自世界各个角落，每个人都有自己独特的视角。当不同的视角和思维碰撞在一起，就会产生创作的火花。多元化孕育出新想法，新观点又催生出新实验，新实验可以带来第四次工业革命。领导人可以为营造多元化做很多事情。

最近，一位《纽约时报》的记者问 Y Combinator 创业孵化器——硅谷最著名的创业孵化器的总裁一个问题：有没有哪所学校可以为你们源源不断提供才华横溢的毕业生？他说有一所可以，滑铁卢大学，正是加拿大的滑铁卢大学。为什么在硅谷看来，滑铁卢大学的毕业生才华横溢呢？当然，它有很高的知识水平，并且看重企业家精神。但最不可或缺的还是它的多元化，学生来自世界各地，工学毕业生中有一半来自国外的各个角落，滑铁卢大学招收的本土学生，也是由世界上最多元的人口构成的。

你们中的许多人近来为加拿大在叙利亚难民危机中表现出的同情心而向我道谢。让我告诉你们一件事，当我上个月向这些家庭打开多伦多的大门时，我为加拿大人民输送了新鲜血液，更为加拿大的经济发展创造了新的可能。

多元化不仅是正确的社会政策，而且是创新的驱动力，它所带来的创造力使世界富足。在加拿大，我们深深懂得这一点。坦率地说，我们最近的选举提示大家，人民会对积极包容的社会愿景做出反应，创造力使加拿大乃至世界富足。在加拿大，我们懂得这一点。我们最近的选举也让世界看到加拿大人民反对消极分裂的政治和政策，这让我感到非常乐观和自信。

加拿大以其丰富的资源著称，我想让你们也了解加拿大人民的足智多谋。我敢打赌你们的公司里都有加拿大人处在领导岗位——你也许不知道这一点，这是因为我们通常比较低调。事实上，你们中至少一半的人曾雇过鲍达民[①]。

我国人口多元化、富于创造力，教育和医疗行业领先，基础设施先进。我们的社会安定，经济环境良好，政府愿意为国家的未来发展加大投入。加拿大总是处于国家排名的榜首，这一点并非偶然。加拿大有一些不能量化的东西，如信心。加拿大人非常自信，我们相信进步，也愿意为此非常努力地工作。我们的自然资源很重要，而且历来如此。但加拿大人明白，我们发展和繁荣的动力并非仅仅来自脚下，而是来自我们的双耳之间。

---

① 麦肯锡公司全球总裁。

我们最近的选举表明，加拿大人懂得自信的国家乐于投资自己的未来。目前看来，全球的信心在衰退。有人说想要改变全球不公平的现象已经不可能了，我们在这条路上走得太远，无法改变并实现共同繁荣。也有人坚持说气候变化令人绝望，他们说想要避免毁灭的结局已经不可能了，或者唯一的办法就是放弃发展经济。还有一些人质疑多元化，他们认为不同文化和语言的人不能和谐共处，多元化意味着社会动荡不安，多元化是危险的。

我不赞同任何一种观点。

我们鼓励中产阶级的发展，这样努力学习和工作并且懂得节约的人就会有回报。我们可以同气候变化做斗争，不必以放弃发展和繁荣为代价。事实上，我们在全球推行的低碳经济会催生新公司、新增长和新繁荣。是的，我们可以拥抱多元化及其带来的新观点，同时在安全稳定的社会中孕育出共享的身份和价值。

可以确定的是，下一次工业革命同前三次一样，将为我们带来巨变。如果你正在寻找一个具有多元文化、应变力、积极性和信心的国家，它不仅能够应付这场变革，而且可以驾驭这场变革，那么加拿大将是不二的选择。

（徐黎　译）

致 谢

许多人参与到了本书的创作中，我对他们的投入和支持表示衷心感谢。

我感谢詹妮弗·兰伯特、艾里斯·图弗米、里欧·麦克唐纳、迈克·古尔-哈多克、桑德拉·利夫、科里·比蒂、罗布·法琳、米兰达·斯奈德、诺艾尔·齐泽、尼尔·埃里克森、艾伦·琼斯、肖恩·奥克利、萨拉·怀特、安妮·霍洛威、迈克·莱文、乔纳森·凯、约翰·罗伦斯·雷诺兹、卡罗琳·雅梅、埃里克·富兰蒂、伊夫斯·贝勒弗、桑德琳·东科斯、玛丽-皮埃尔·哈梅尔、布里奇特·沙博、乔安娜·格鲁达和卡拉·门扎，以及加拿大哈珀柯林斯出版社和新闻报出版社的每一个人。尽管我的日程十分紧张，他们工作时仍保持极大耐心，并尽量与我保持同步节奏。

我要感谢我的政治团队，他们的工作早已超出日常职责，特别是格里·巴茨、凯蒂·特尔福德、丹·卡尼尔、塞勒斯·雷波特、亚历克斯·兰瑟尔、汤米·德福斯、凯特·珀切斯、迈林·杜佩雷和凯文·博斯。他们都给予了我很多方面的帮助。非凡的摄影师亚当·斯科特拍摄了本书中很多很棒的照片。

最后，也是最重要的，我要感谢索菲、格扎维埃、埃拉-格蕾丝和哈德里安。在本已有限的家庭时间里，他们长达数月忍受我比以往更努力地工作。

本书中任何不当之处均由我个人负责。

照片出处说明

书中的所有照片都蒙作者提供，除了由亚当·斯科特（照片 3、39、44—71、73—81）和以下诸位拍摄的几张：

17. 加拿大通讯社 / 彼得·布莱格

18. 罗伯特·库珀 / 加拿大图书馆和档案馆

25. 莱斯利·布洛克

32. 彼得·布莱格

33. 海蒂·霍林格

34. 海蒂·霍林格

35. 彼得·布莱格

36. 彼得·布莱格

42. 格雷格·科尔茨

43. 格雷格·科尔茨